교회친구다모여 첫 번째 북 시리즈

# 안심하라
### 하나님의 타이밍은 완벽하다

김성경 지음

토기장이

안심하라, 하나님의 타이밍은 완벽하다

**Contents**

Chapter 1
**포기 앞에 서 있는 한 영혼에게**
"아가, 나는 네가 보여"

피투성이라도 살아있으라_ 008
저희 아버지는 무좀이 있습니다_ 014
겟세마네에서 바라본 얼굴_ 018
너도 가려느냐_ 024
거의 다 온 것은 다 온 것이 아닙니다_ 032


Chapter 2
**침묵을 지나는 한 영혼에게**
"내가 없던 바다는 어떠했느냐"

한계가 왔구나_ 038
폭풍 수업_ 048
자존심_ 054
어느 날 예수님이 내게서 사라졌다_ 060
빛이 빛 되기 위해_ 064
하나님, 저는 왜 이렇게 느려요_ 068
무슨 말인지 모르겠어요_ 074


Chapter 3
**불안을 만난 한 영혼에게**
"거봐, 내가 널 책임져"

용기가 필요한 그대에게_ 082
하나님이 끝났다 하시기 전까지_ 086
나는 자퇴생입니다_ 092
무엇이 승리인가_ 096

Chapter 4
**신앙에 실망하여 무너진 한 영혼에게**
"다시 만나자, 그 갈릴리 호수에서"

내 영혼에 고장이 일어나기 시작할 때_ 104
뽀뽀_ 110
혹시 엄마가 먼저 떠난다면_ 116
할머니의 챔피언벨트_ 122
다시 돌아가도_ 128
아사셀의 염소_ 132
그 거짓말을 듣지 말거라_ 138
흉터_ 144


Chapter 5
**한 영혼을 위한 설교 – 원 소울 스튜디오**
"아빠, 제가 봐온 등이 바로 그런 등이었습니다"

아들 전도사가 아빠 목사님께_ 154
꿈을 좇다 지친 당신에게_ 160
여덟 살 진아에게, 생애 첫 복음_ 166
응급실 간호사님에게_ 170


Epilogue
"당신을 위해 이 책을 추천합니다"
Part 1 Episode : 만남 그리고 함께
Part 2 Episode : 문화사역자들

# Chapter 1

## 포기 앞에 서 있는 한 영혼에게

_____ "아가, 나는 네가 보여"

## 피투성이라도 살아있으라

우리에게 그런 때가 와요. 아무것도 보이지 않아요. 흔들려요. 두렵고 막막해요. 손잡고 기도하던 친구들은 다 사라지고, 나를 붙잡아 주던 수련회와 집회들도 다 사라지고, 유튜브 화면 하나를 바라보면서 마음을 지탱하죠. 버텨야 한다는 건 알아서 버텨는 보는데 이젠 무엇보다 생생했던 주님의 임재가 더 이상 보이질 않아요. 기약 없이 어느 날 갑자기 주님이 내 배에서 보이지 않아요.

맞아요,
내 주님이 사라졌어요.

예수님의 제자들도 아무것도 보이지 않고 두려움만 남은 풍랑을 그 배에서 만났죠. 문제는 그 배에, 예수님이 계시지 않았다는 거예요. 그래도 나름 제자였던 그들은 서로 독려하며 기도하지 않았을까요? "조금만 참자, 우리를 보내신 예수님이 계시잖아! 지난번에도 풍랑 속에서 우릴 구하셨잖아! 우리 흔들리지 말자! 우린 예수님의 제자들이잖아! 우리 이럴 때 더 잘 해내 보자!"

그러나 시간이 지나도 변하지 않는 풍랑 앞에 점점 힘이 빠져가요. 영원히 믿고 사랑하겠다 했던 내 주님을 향한 불신이 나를 둘러싸요. 길어지는 고난의 시간 속, 기도할 힘은 이제 다 사라져 버렸어요. 멋지게 싸워 보겠다 시작했으나, 지체되는 시간과 현실의 어두움 속에 의심과 원망이 올라오고, 어느 순간부터 하나님에 대하여 하나둘씩 포기하고 있는 나 자신이 보여요.

그렇게 주님이 내 배에서 보이지 않아요.

어느 이층 집에 불이 났었대요. 가족들이 서둘러 집을 빠져나오고 있었는데 엄마 손을 잡고 내려오던 막내가 눈앞의 불길이 너무 무서워서 엄마 손을 뿌리치고 이층 자기 방으로 뛰어 올라 갔어요. 잠시 후, 아이는 연기가 가득 찬 창문 밖으로 얼굴을 내밀더니 미친 듯이 울어요. 그 어두운 뿌연 연기 속에서 아이는 아무것도 보이지가 않아요. 아이는 그저 아버지를 찾으며 울어요. 밖에서 아이만을 기다리던 아버지가 아이의

울음소리를 듣습니다. 아버지가 아이에게 외쳐요.

"애야, 뛰어내려! 아빠가 너를 붙잡을 거야! 뛰어내려, 아빠가 너를 안을 거야!"

아이가 다급하게 울며 대답해요.
"아빠, 그런데 아빠가 안 보여요. 무서워요. 못 하겠어요. 아무것도 보이지 않아요."

그런데 아버지가 더 크게 외칩니다.
"그래 알아, 아빠가 다 알아. 그런데 아빠는 네가 보여. 너는 아빠가 보이지 않아도 아가, 아빠는 네가 보여."

우리가 잊으면 안 될 변치 않는 진리가 있어요.

너는 내가 보이지 않아도 나는 네가 보여.
어둠의 골목 끝에 있어 아빠가 보이지 않아도
아가, 아빠는 네가 보여.

막막한 연기 속에 갇혀 있을 때, 그 어둠의 골목을 지나고 있을 때, 믿어 보세요. 내가 하나님을 보지 못할 때에도, 하나님은 당신을 보고 계세요.

혹시 〈안시성〉이라는 영화를 보았나요? 대군 당나라와의 전쟁이라는 말도 안 되는 싸움을 앞둔 양만춘 장군에게 누군가가 물어봅니다. "정말 이길 수 있겠는가?" 그러자 양만춘 장군이 대답합니다. "당신은 이길 수 있을 때만 싸우는가?" 싸워야 하기 때문에 싸운다는 거예요.

늘 이길 수 있어서, 이 길에 얻을 것이 있어서 예수님과 함께 이 길을 시작한 것이 아니에요. 막막해도, 모든 것을 잃는다 해도, 어두워도, 지쳐 쓰러져도, 이 눈에 아무 증거 아니 뵈어도 사랑하는 예수님이 이 길 끝에 계시기에 이 길을 출발한 거예요.

기억하세요,
당신은 아직 끝나지 않았어요.

**"너는 피투성이라도 살아 있으라 다시 이르기를 너는 피투성이라도 살아 있으라."** 겔 16:6

잊지 말아요, 당신을 포기하지 않기 위해서 하나님은 아들을 포기하셨어요. 아무것도 보이지 않아 무서워 떨며 포기하려는 그 순간에도 당신을 늘 곁에서 지키셨던 아버지는 이렇게 말씀하실 거예요.

**"가장 알맞은 때에 내가 너의 외치는 소리를 들었다. 네가 나를 필요로 하던 그 날에 내가 너를 도우려고 거기 있었다."**<sub></sub>고후 6:2,
메시지

여전히, 거기 계실 겁니다.
여전히, 당신의 곁에.

너는 아빠가
보이지 않아도
아가, 아빠는 네가 보여

## 저희 아버지는 무좀이 있습니다

저희 아버지는 이 이야기를 싫어하시는데, 사실 저희 아버지는 무좀이 있어요. 하루는 교회 사무실에 있는 아버지의 수건을 썼어요. 그런데 그 후로 며칠 동안 온몸이 간지러워서 걱정스러운 마음으로 심각하게 무좀에 대해 검색한 적이 있어요.

이 무좀이 잘 낫지 않는 병이래요. 그런데 검색하다가 알게 됐는데, 나이가 많아지면 무좀이 저절로 없어질 확률이 높아진다는 겁니다. 이유는, 무좀균도 나이 든 영양 없는 몸을 싫어하기 때문이라고 해요. 그러니까 아직 무좀균이 살고 있는 몸이 건강한 몸일 수 있다는 거예요.

이런 생각이 들더라고요. '아, 내게 아무런 시험이 없다는 것은, 아무런 싸움도 없다는 것은, 내가 아무런 가치 없는 영혼이 되었다는 거구나. 내가 생명을 잃은 존재가 되었다는 거구나.'

혹시 지금 당신이 시험을 당하고 있다면,
기억하세요.
당신의 영이 살아있다는 증거예요.

그러니 고개를 떨구지 말아요. 사단도 맛없는 열매는 쳐다보지 않습니다. 사단이 나를 시험한다는 것은, 아직 내가 주님의 자녀라는 증거입니다.

'아! 내 열매에 생명이 폈구나! 올 것이 왔구나!'

이사야라는 위대한 종이 탄생하게 되었던 그 부르심의 사건은 사실 그가 아주 큰 슬픔과 절망에 빠져 있던 때에 일어났어요. 그 절박한 위기와 버려진 듯한 슬픔의 때가 이사야에게는 다시 새롭게 태어나는 때였습니다. 중요한 것은, 그 위기와 한숨의 순간에 그가 가장 위대한 선택을 했다는 겁니다.

**"내가 본즉 주께서 높이 들린 보좌에 앉으셨는데…"** 사 6:1

그는 고개를 떨구지 않았어요. 그 절망에서 무엇인가를 봤습니다. 그것은 여전히 보좌에 앉으신 하나님이었어요. 하나님은 그 슬픔을 향해 보좌를 보여 주셨습니다. 통치의 자리, 절대주권의 자리, 누구도 거역할 수 없고, 이길 수 없는 그 권세의 자리. 이렇게 말씀하고 싶으셨던 것은 아닐까요?

"너는 그 문제와 눈물 앞에 모든 것이 끝났다 생각할지 모르겠지만, 나는 여전히 여기 네 앞에 살아있느니라. 내가 여전히 널 다스리노라. 나는 여전히 그 권세로 네 앞에 살아있노라."

그러니 당신의 절망의 때에,
눈을 들어 똑똑히 보세요.
당신의 주님은 죽지 않았어요.

지금, 슬픔 때문에 흘렸던 눈물을 닦고, 고개를 들고, 전능하신 하나님의 보좌를 바라보는 겁니다. 하나님은 여전히 그 능력으로 당신 앞에 살아계실 겁니다. 떨구었던 고개를 드십시오. 그 문제는 당신의 고개를 꺾을 수 없습니다.

그 문제가,
그 시험이,
그 눈물이,
당신이 아직 살아있다는 증거입니다.

당신도 죽지 않았고, 당신의 여호와의 보좌는 더욱더 죽지 않았습니다.

아,
내 열매에 **생명**이 폈구나

## 겟세마네에서 바라본 얼굴

우리에게는 그런 때가 있어요. 머리로는 알겠는데, 끝까지 잘 싸워야 하고 믿음으로 견뎌야 한다는 것도 너무 잘 아는데, 의심하지 말고 두려워하지 말라는 말씀 믿고 담대하면 된다는 것도 너무 잘 아는데, 머리랑은 다르게 가슴이 너무 무너져서 더 이상 아무것도 하지 못하겠는 그 언덕, 원수 마귀의 일격이 한번에 몰아쳐 오는 듯한 그 언덕, 우리에게는 그런 언덕을 만나는 날이 반드시 와요.

그런데, 성경을 보니까 단 한 번도 그 의연함을 잃어버린 적 없으셨던 예수님도 딱 한 번 흔들리시는 순간이 나와요.

바로 겟세마네 언덕이었습니다.

완전한 인간으로 오셨기에 눈앞에 보이는 고통과 배신과 버려짐을 마주하며 우리 예수님도 얼마나 외로우셨을까. 얼마나 피하고 싶으셨을까.

"내 마음이 매우 고민하여 죽게 되었으니."마 26:38

예수님은 겟세마네를 오르고 견디며 기도하실 때 다 아셨어요. 어떤 취급을 당할지, 어떻게 죽임을 당할지…. 가장 친밀해 보이는 입맞춤 뒤에 숨겨진 유다의 배신을, 줄행랑을 치는 베드로를, 철저히 혼자가 되는 자신까지…. 예수님은 이미 그 모든 것을 알고 각오하셨습니다.

예수님은 그 겟세마네를 대체 어떻게 이겨내신 것일까요. 다가오는 고통과 배신을 보셨던 것이 아니었던 겁니다. 그 언덕에서 보고 계셨던 다른 것이 있었던 거예요.

어느 날 카페를 갔는데 다른 테이블에 앉아 있던 엄마와 어린 딸의 대화를 듣게 되었어요. 아이가 아마도 엄마의 몸속에서 아기가 태어나는 장면을 봤나 봐요. 아이가 울먹이며 엄마에게 말하더라고요.

"엄마, 나 때문에 많이 아팠지. 엄마 많이 무서웠지. 엄마 무서워서 도망가고 싶었겠다."

엄마가 대답합니다.

"하나도 아프지 않았어. 우리 딸의 얼굴이 보인 그 순간 하나도 무섭지 않았어. 우리 딸 때문에 엄마 도망가지 않고 이길 수 있었어."

기억하세요.
예수님이 그 언덕에서 버티실 수 있었던 유일한 이유는
그 언덕 끝에서 사랑하는 당신의 얼굴을
보고 계셨기 때문입니다.
그 외로움의 언덕을 언젠가 올라오게 될
당신의 모습을 보셨기에, 그 독잔을 마신 겁니다.

**"믿음의 주요 또 온전하게 하시는 이인 예수를 바라보자 그는 그 앞에 있는 기쁨을 위하여 십자가를 참으사 부끄러움을 개의치 아니하시니."** 히 12:2

우리 예수님, 그 언덕 끝에 당신의 얼굴이 보였기에 이길 수 있으셨던 거예요.

"나 너를 위해 도망가지 않았다. 너와 함께해 줄 수 있을 것을 그리며 나 이 겟세마네를 이길 수 있었노라."

그러니 잠잠히 바라보세요. 당신의 그 눈물의 겟세마네 언덕을 먼저 올라가 기다리고 계셨던 그 아버지를…. 그 언덕 끝에서 우리 주님, 열심히 포기하지 않고 그 언덕을 지켜낸 우리를 마주하실 때 웃으며 이렇게 말씀해 주시지 않을까요?

"잘 있었느냐.
충분했다. 그 고민과 싸움마저 아름다웠다.
나도 너의 언덕에 함께 있었다.
네가 없는 천국보다 차라리 죽는 게 나을 만큼
너를 사랑했다."

오늘 당신의 겟세마네에서 울고 있다면, 예수님이 홀로 그 언덕에서 내 얼굴을 그리며 이기셨던 것처럼, 그 예수님의 얼굴을 당신도 잊지 마십시오. 다시 선명히 뵈올 그날까지….

**"지금은 우리가 거울에 비추어 보듯 희미하게 보지만 그때에는 얼굴과 얼굴을 맞대어 볼 것입니다. 지금은 내가 부분적으로 알지만 그때는 주께서 나를 아신 것같이 내가 온전히 알게 될 것입니다."** 고전 13:12, 우리말성경

우리도 꼭 그 언덕 끝에서 이렇게 고백할 수 있기를 바랍니다.

"당신이 있었기에 나 도망가지 않았습니다.
당신의 얼굴을 보았기에
나 끝까지 오를 수 있었습니다."

우리가 오늘 다시 또 겟세마네를 견딜 수 있는 이유는 그 사랑하는 아버지의 얼굴을 오늘도 바라보고 있기 때문입니다. 예수님의 얼굴을 잊지 마십시오. 그것이 우리의 힘입니다.

네가 없는 천국보다
차라리 죽는 게 나을 만큼

너를 사랑했다

## 너도 가려느냐

"이젠 성경 책 들고 있는 사람만 보면 치가 떨린다."
"교회가 사회의 최대 악이다."
"그런 미련한 신앙을 대체 왜 믿는 것인가."

오늘 본 기사의 베스트 댓글이었어요. 예수님을 믿음으로 얻는 것은 아무것도 없고 이젠 예수님 때문에 세상 눈치만 보며 살아야 하는 때가 왔어요. 예수님 때문에 삶이 이젠 너무 지치고 무거워요. 적당히 예수님을 모르는 척하며 사는 것이 안전해요. 그렇게 나의 예수님이 부끄러워지기 시작했어요. 이젠 누가 예수님 편에 남아 있을까요?

예수님이 보리떡 다섯 개와 물고기 두 마리로 수천 명을 먹이셨죠. 수많은 사람들이 예수님을 따릅니다. 예수님을 믿겠다고 해요. 예수를 사랑한대요. 예수의 제자가 되겠대요. 무엇이든지 할 수 있다고 해요.

왜요? 이분만 따라가면 적어도 얻는 것이 있기 때문이에요. 배부름이 있고 채움이 있고 회복이 있었어요. 이런 예수님을 만난 것은 내 인생의 잭팟이거든요. 바다 건너라도 괜찮아요, 그분을 쫓아갈 수만 있다면!

**"무리가 거기에 예수도 안 계시고 제자들도 없음을 보고 곧 배들을 타고 예수를 찾으러 가버나움으로 가서 바다 건너편에서 만나 랍비여 언제 여기 오셨나이까 하니."** 요 6:24-25

그런데 그 예수님이 갑자기 이상한 소리를 하시는 겁니다. 그분이 줄 수 있는 떡은 자신의 생명의 떡뿐이래요. 그분이 주고 싶으셨던 것은 자신의 살과 피래요. 오로지 예수 그리스도, 자기 자신, 그거 하나뿐이래요. 내가 기대했던 신앙의 길이 아닌 겁니다. 잘 믿으면 좋은 것이 있을 것 같았는데, 내가 기대하는 것을 줄 분이 아닌 것 같아요. 계속 따라가다가는 나까지 고생할 게 뻔해요.

이젠 내가 원하는 메뉴가
예수께 없어요.

"예수께서 대답하여 이르시되 내가 진실로 진실로 너희에게 이르노니 너희가 나를 찾는 것은 표적을 본 까닭이 아니요 떡을 먹고 배부른 까닭이로다." 요 6:26

예수 때문에 받게 될 세상의 핍박과 불이익이 이제 보이기 시작합니다.

"그때부터 그의 제자 중에서 많은 사람이 떠나가고 다시 그와 함께 다니지 아니하더라." 요 6:66

그렇게 모두 예수님을 홀로 남기고 떠나 버립니다. 그리고 우리 예수님, 남아있는 제자들의 눈을 바라보며 그 입을 여세요.

"너희도 가려느냐." 요 6:67

이제 너희도 날 떠날 때가 되었는가.
제대로 살기 위해선
이제 나는 너희에게 아닌 것 같은가.

예수 믿는 내 삶이 바보같이 느껴지고, 가장 소중했던 예수가 부끄러워지기 시작했다면, 이것을 잊지 말아야 해요.

예수님은 그날 당신의 편이 되기 위해
눈치 보지 않으셨어요.

한 번도 그 길이 무겁고 버겁다 하지 않으셨어요. 당신이 언젠가 마지막 심판대 앞에서 두려워 떨게 될 그날에 오로지 당신의 편이 되어 주기 위하여 예수님은 그 골고다를 오르셨어요. 이제는 우리가 예수님 곁을 지켜 드려야 할 때예요.

어느 날 기도 시간에 예수님이 이런 질문을 마음에 주시는 것 같더라고요.

"내가 언제 가장 아팠게?"

"십자가를 끌고 올라가실 때요? 채찍을 맞으셨을 때요? 못이 손과 발을 관통했을 때?"

제 모든 추측이 아니라는 듯이 주님의 마음이 들려왔어요.

"아니, 그 십자가에 달려 내려다봤는데 다 떠나가고 나만 있었을 때…."

기억하세요. 성경에 완전하고 완벽한 제자는 존재하지 않았습니다. 다만 끝까지 예수님 편이었던 자들이 있었을 뿐이에요.

그대는 지금
어디에 있습니까.

알아요, 답이 없는 것 같아요. 이대로 교회 다니고 예수님 믿다간 진짜 큰일 날 것 같아요. 우리가 세상의 빛과 소금? 선한 영향력? 예수님 믿지 않는 내 친구들이 비웃어요.

그런데 이런 이야기가 있더라고요. 콜럼버스가 신대륙 여행을 마치고 돌아왔을 때 사람들이 그를 비아냥거리며 무시했어요. 그때 콜럼버스가 삶은 계란을 들고 그들에게 말합니다.

"여러분은 이 계란을 세울 수 있습니까?"

아무도 움직이지 않고 그저 다들 말로만 외쳐요.
"그걸 어떻게 해! 그게 어떻게 가능해!"

그러자 콜럼버스는 계란을 들더니 돌 위에 계란의 아랫부분을 내려칩니다. 그리고 계란을 세웠죠. 사람들이 비웃어요.
"그렇게 하면 누가 못 해!"

그때 콜럼버스가 말하죠.
"그렇죠, 할 수 있는데 누구도 하지 않았죠."

해봐요. 우린 할 수 있어요. 진짜 빛은 가장 짙은 어둠에서 태어나고 진정한 교회는 늘 가장 깊은 환난에서 탄생했어요. 작은 빛이어도 괜찮아요. 교회의 잘못된 모습으로 인해 생긴 예수님에 대한 오해를 이 세상을 향한 예수님의 편지인 우리의 삶으로 풀어나가요. 지금도 무거운 마음으로 이 책 앞에서 하나님의 말씀을 붙잡으려 하는 당신에게 이렇게 말해 주고 싶어요.

감사합니다,
여기까지 잘 버텨 주셔서.

이제야 이 말씀을 남기셨던 예수님의 마음을 조금은 알 것 같습니다.

"인자가 올 때 이 세상에서 믿음을 찾아볼 수 있겠느냐." 눅 18:8, 우리말성경

"너도 날 떠나려느냐." 요 6:67

그대는 지금

어디에 있습니까

# 거의 다 온 것은 다 온 것이 아닙니다

등산 좋아하세요? 저는 그렇게 등산을 좋아하지는 않습니다. 그런데 저희 아버지가 그렇게 등산을 좋아하세요. 혼자 좋아하시면 좋은데, 문제는 어떻게 해서든 아들을 등산에 꼭 데려가고 싶어 하신다는 거예요. 그래서 큰맘 먹고 등산의 고수이신 아버지를 따라 등산을 하면 제가 올라가는 동안 입에 달고 가는 말이 있어요.

"얼마나 남았어요?"
"아빠, 다 와가요? 이제?"
"아까 다 와간다며!"

그런데 참 신기한 게 뭔지 아세요? 어쩜 산 좋아하는 분들은 다 그렇게 거짓말을 잘하는지 모르겠어요. 위에서 내려오는 사람들은 죄다 똑같이 말해요. 뭐래요?

"아이고, 거의 다 왔어요! 10분만 더 가!"

그런데 10분을 가면 정상이 나올까요? 절대 안 나와요. 30분을 가도, 1시간을 가도, 다시 또 내려오시는 분들에게 물어보면 죄다 10분만 더 가래요. 거의 다 왔다고. 제가 그때 깨달은 사실이 있어요.

'거의 다 온 것'은
절대 '다 온 것'이 아니다.

혹시 복어 식당에 가본 적 있나요? 얼마나 떨리는 마음으로 가겠어요. 복어는 독이 있는 재료라 손질을 제대로 안 하면 큰일이니까요. 그런데 만약 어떤 복어 요리 식당을 갔는데 메뉴판 아래에 이런 글씨가 써 있다고 해봐요.

"우리 집 음식은 '거의' 안전합니다."

거기서 식사하시겠어요? 그 식당을 인정하실 겁니까? "와, 여기 거의 안전하네? 진짜 식당이네?" 하고 드실 수 있겠어요? 누구도 인정하지 못할 겁니다. 그런데 우리는 왜 점점 '거의' 하나님을 사랑하는 것은, '거의' 하나님을 믿는 것은, '거의' 하나님을 닮아가려 하는 것은 안전하다고 생각할까요? '거의'가 되어 버려 가는 내 열정은, 내 사랑은, 왜 그렇게 무섭지 않을까요.

우리에게 참 뜨거웠던 마음이 분명 있었는데, 하나님 생각에 눈물만 흐르던 열정이 우리 모두에게 있었는데, 점점 우리의 신앙과 열정이 '거의' 버티고 있음에 만족하고 말아요. 더 이상 노력하고 싸우는 것은 이제 포기하고 싶어요.

성경에는 십계명이라는 하나님의 명령이 있습니다. 그런데 정말 중요한 것은, 그것을 주실 때 그냥 무거운 명령만 우리에게 던지고 가신 게 아니라는 거예요. 우리는 그 명령을 주실 때의 하나님 아버지의 '마음'은 잊어버린 채로 하나님이 내 어깨에 두고 가신 명령만 생각해요. 그러다 보니까 점점 더 열정을 잃어버리고 지쳐만 가요.

하나님은 우리에게 어떤 명령을 주실 때 막무가내로 따라오도록 하지 않으셨더라고요. '분명 힘들 텐데, 정말 허덕일 때가 올 텐데, 그냥 이 정도로 만족하고 살자며 포기하고 싶은 때가 올 텐데, 그때 꼭 이 내 마음을 기억하며 잘 싸워 줬으면 좋겠다' 하셨던 그 아버지의 마음이 십계명을 주시기 바로 직전 구절에 나와요.

"**나는 너를 애굽 땅, 종 되었던 집에서 인도하여 낸 네 하나님 여호와니라.**" 출 20:2

당신이 꼭 기억하기 원하셨던 겁니다.

"잊지 말거라.
나는 너를 사랑하여 너를 구했던
너의 하나님 여호와다."

명령이 아니라 마음을 기억해야 해요. 당신을 사랑하여 구했던 그 아버지의 마음을요. 우리가 기억해야 할, 잊어서는 안 될, 그 따스했던 하나님의 처음 마음을…. 그때 우리는 다시 걸어갈 힘을 얻어요.

저도 언젠가부터 이 코로나라는 암흑기 속에 '거의'가 되어 버려 가는 내 신앙과 열정에 만족하며 살고 있었는데, 문득 5년 전 미국 유학을 마치고 한국에 다시 돌아와 새벽에 기도하며 다이어리에 적었던 문장이 생각나더라고요.

"잊지 말자, 생명을 드려도 아깝지 않을 만큼 은혜를 받았기에 시작한 길이었다."

잊지 말자,

생명을 드려도
아깝지 않을 만큼
은혜를 받았기에
시작한 길이었다

# 한계가 왔구나

이 한 마디가 툭 뱉어지는 때가 오더라고요.

'아, 드디어 한계가 왔구나.'

정말 열심히 했는데, 사람에 치이고 일에 치이다 보니 한계가 찾아와 내 삶의 모든 것이 다 무거워지는 그런 때. '내가 과연 잘하고 있는 것일까? 잘할 수 있을까?' 그 불안함에 지쳐 쓰러지는 그런 때가 오더라고요. 나는 단단한 줄 알았는데, 새벽에 이유 모를 불안함에 잠이 깨 이불 속에서 울고 있을 정도로 내가 지쳐 있더라고요.

그날도 어김없이 새벽에 잠을 못 자고 있는데 거실에서 갑자기 쿵 하는 소리가 났어요. 수면제 기운으로 무의식 중에 화장실을 다녀가시는 어머니가 거실 물건들에 온몸이 이리저리

부딪히는 소리였어요. 얼른 뛰어나가서 어머니를 방에 눕혀 드리고 방문을 닫고 나가려는데, 문 너머로 어머니가 중얼거리시는 소리가 들려왔어요.

"아들, 사랑해. 엄마한테 와줘서 고마워.
어떻게 엄마한테 이런 아들이 와줬을까.
힘들었을 텐데 잘 와줘서 고마워.
엄마가 다 봤어. 다 알아. 잘했어, 아들."

다 안다.
잘 왔어.
고마워.

신기하죠? 특별한 해결책도 아닌 이 평범한 세 마디가 한계 앞에 무너져 가던 나를 다시 살려내더라고요.

예수님의 제자 중에 '나다나엘', 다른 이름으로는 '바돌로매'라고 불렸던 제자가 있었는데 그는 사실 예수님을 처음 만나던 날, 불만을 갖고 있었어요. 친구 빌립이 "나다나엘! 우리가 그렇게 율법책과 선지서를 보며 기도했던 그 메시아가 코앞에 왔어!"라고 하며 함께 가자고 할 때, 나다나엘은 짜증 섞인 말을 뱉어요.

"아니, 나사렛 그 깡촌에서 무슨 선하고 대단한 것이 나온다고 그래!"

그렇게 빌립의 손에 이끌려 예수님 앞에 나왔는데, 그 첫 만남에 예수님이 나다나엘을 보자마자 말씀하세요.

**"예수께서 나다나엘이 자기에게 오는 것을 보시고 그를 가리켜 이르시되 보라 이는 참으로 이스라엘 사람이라 그 속에 간사한 것이 없도다."** 요 1:47

"나다나엘아, 너에겐 정말 거짓이 없었다"라고 말씀하시는 겁니다.

나다나엘이 놀라며 대답해요.
"당신이 나를 대체 어떻게 압니까?"

그때 나다나엘의 가슴에 평생토록 잊지 못할 예수님의 한 마디가 들려요.

**"빌립이 너를 부르기 전에 네가 무화과나무 아래에 있을 때에 보았노라."** 요 1:48

너의 그 무화과나무 아래에 내가 이미 함께 있었다.
내가 너의 나무 아래를 다 보았노라.

평균 높이 5m에 가지는 8m, 기후만 잘 맞으면 20m까지 자라는 나무, 나다나엘에게는 늘 홀로 율법을 공부하고 기도하며 주님을 기다리던 그 무화과나무 아래가 있었어요.

때론 지치고 허무하고, 무의미해 보여도 늘 그렇게 홀로 하나님을 기다리고, 보고 싶어 하고, 묵상하며, 울고 웃었던 나만의 공간, 나만의 시간, 남에게 보여 줄 수 없는 고민과 허망함과 눈물들을 다 쏟아냈던 내 무화과나무 아래, 그곳에 예수님이 계셨다는 겁니다.

남들은 다 나를 오해하고 몰라줘도, 주님을 온 마음으로 기다렸던 그 나다나엘에게 예수님이 말씀하신 거예요.

"나다나엘아, 내가 다 알아.
내가 다 봤어. 너 잘했어."

그리고 분명 우리에게도 예수님과 만나 출발했던 그 무화과나무 아래가 있어요. 가장 연약하고 가장 처절해서 눈물로 버티며 기다렸던 내 나무 아래로 예수님께서 찾아와 말씀해 주셨지요.

"내가 다 봤다.
네가 홀로 울던 방, 네가 듣던 찬양, 네가 쓰던 기도문.
너의 버텨온 눈물들에 이미 내가 함께 있었다.
너의 무화과나무 아래에 한순간도 빠짐없이
내가 함께 있었다."

대학시절 제 교수님께서 모든 것이 지치고 허망해지는 한계를 맞이한 저에게 웃으며 해주셨던 말씀이 생각났어요.

"성경아, 잘 달리고 있는 너의 앞에 하나님이 이유 없이 한계의 벽을 만나게 하실 땐 잠깐 돌아갔다 오라는 거야. 허망해지고, 불안해지고, 지쳤을 땐 그렇게 너와 예수 그리스도가 함께 출발했던 그 따스한 무화과나무 아래로 돌아갔다 오는 거야."

아무리 어른이 되어도 결국 우리는 하나님 앞에 아이 아니겠습니까? 아이처럼 다시 내 모든 걸 위로받을 수 있었던 그 무화과나무 아래로 달려가 보는 겁니다. 그러면 그 아버지께서 아이처럼 다시 달려온 나를 안으며 말씀해 주실 겁니다.

"너희가 태어난 날부터 지금까지 너희를 내 등에 업고 다녔다. 너희가 늙어도 나는 계속 너희를 업고 다닐 것이다. 늙은 머리가 희끗희끗해져도 너희를 지고 다닐 것이다. 지금까지 그렇게 해 왔고, 앞으로도 그럴 것이다." 사 46:3-4, 메시지

여기까지 잘 달려왔어요. 그 눈물과 부담감마저 아버지의 등에 맡기고 그 등에서 아이처럼 쉬고 가세요. 그러면 우리 아버지께서 우리의 허리를 토닥이시며 그 무화과나무 아래에서 말씀하셨던 날처럼 속삭여 주실 겁니다.

다 안다.
잘 왔다.
고맙다.

한계를 만났다 싶다면, 당신이 예수님 앞에 아이였던 그 출발지, 당신의 그 무화과나무 아래로 쉬어 가세요.

늘 은밀히 보시는 주님,
큰 은혜를 베푸시리.

너의 무화과나무 아래에

내가 **함께** 있었다

## Chapter 2

# 침묵을 지나는 한 영혼에게

———— "내가 없던 바다는 어떠했느냐"

# 폭풍 수업

얼마 전 점심시간이었어요. 어머니가 집에서 점심을 해주셨는데 이렇게 말씀하시더라고요. "너희 아빠 아직 점심 안 먹었겠지? 전화해 봐, 안 먹었으면 엄마는 아빠랑 같이 먹게." 그래서 전화를 걸었더니 아직 안 드셨대요.

"응, 아빠. 나는 먼저 먹고 있고 엄마는 아직 안 먹고 기다리고 있어."
"알았어, 나도 금방 갈게."

시간이 지나 저는 혼자 밥을 다 먹고 일어났고, 어머니는 이제 아버지가 올 시간이겠다 싶어서 고기를 미리 구워 놓으면서 전화를 거셨는데 세상에 저희 발 빠르신 아버지, 아직 출발도 안 했다는 겁니다. 그 말을 들으신 저희 어머니는 곧바로 발성이 좋아지시더라고요.

그래요. 이유를 설명하지 않는 지체함과 기다리게 함은 우리를 지치게 해요. 제자들이 이제껏 경험해 본 적 없는 두려운 풍랑을 만납니다. 그런데 그 제자들의 배에는 특이한 점이 하나 있었어요.

**바로 그 배에
예수님이 없었다는 겁니다.**

예수님이 없는 가운데 당하는 풍랑이었어요. 그래도 그들은 제자였는데 이렇게 서로 독려하지 않았을까요?

"조금만 참자! 우리를 결국 구하시는 예수님이 계시잖아! 우리 이럴 때일수록 더욱 믿음을 잘 지켜 보자! 흔들리지 말자!"

그러나 그 위태로운 풍랑 속에서 4시간, 5시간, 6시간이 지나도 예수님이 오실 기미가 보이지 않아요. 그렇게 점점 나도 예수님을 포기해요. 그토록 항상 함께해 주실 것 같았고, 든든하게 내 곁에서 지켜 주실 것 같았던 예수님이 그 무서운 바다 위로 제자들만 배에 태워 보내시고 대체 뭐하고 계셨냐는 겁니다!

늘 내 곁에 계셔 주셨던 예수님이 내 인생의 배에서 갑자기 떠나 버리신 것 같은 그때, 예수님이 갑자기 사라진 것처럼 더 이상 보이지도 들리지도 않고 내게서 멀리 떨어져 계신 것 같은 그때, 나 홀로 이 파도 속에 지쳐 쓰러져 가고 있는 그때, 예수님은 그 사랑하는 제자들을 홀로 바다에 보내시고 대체 무얼 하고 계셨을까요?

**"예수께서 즉시 제자들을 재촉하사 자기가 무리를 보내는 동안에 배를 타고 앞서 건너편으로 가게 하시고 무리를 보내신 후에 기도하러 따로 산에 올라가시니라."** 마 14:22-23

당신이 만약 지금 예수님이 없는 배에 홀로 있는 것 같다면 절대 이 사실을 잊지 마세요. 예수님은 지금 당신을 위해 홀로 기도하고 계신 겁니다.

"나 너를 위해 기도했노라.
부디 해내길,
잘 싸워내길,
멋지게 해내고 나오길….
끝까지 너를 위해 있었노라."

내가 잘 견뎌내기를, 그 파도를 잘 이길 수 있기를, 우리 예수님 홀로 무릎 꿇고 기도하고 계십니다. 진짜 믿음의 꽃은 그 풍랑 속에서 피어나요.

기다리십시오. 그리고 당신이 벌벌 떨며 두려워했던 그 파도가 누구 발아래에 있는지 제대로 보세요. 보이세요? 당신이 두려워 떨던 풍랑이 누구 발아래에 있는지. 예수님이 당신의 파도를 그 발아래에 두고 밟아 걸어오십니다. 신기하죠? 내 상처의 파도와 눈물의 풍랑은 내가 피해야만 하는 어려운 난관이라고 생각했는데 잘 보세요.

예수님에게 그 파도와 풍랑은
'내게 달려오시는 길'이 됩니다.

검은 바다 위에 홀로 있던 나에게, 그분이 언젠가 달려와 이렇게 말씀하시지 않을까요?

"내가 없던 바다 위는 어떠했느냐. 너의 홀로서기가 성공적이었으면 좋겠구나. 너의 모든 눈물은 내가 너에게로 달려가는 길이었다. 너의 상처마저도 내가 너를 만나러 갈 수 있었던 파도였다. 지금 너의 쓰러짐도, 너의 상처와 의심도, 내가 너를 안으러 가는 길이 될 거야. 너에게 실망한 것도, 외면한 것도 아니다. 내 너에게 반드시 가르쳐야 할 것이 있었던 거야. 그러니, 날 믿어도 괜찮다."

얼마나 끝까지 당신을 지키고 싶으셨던 주님이었는데요. 그 아버지, 내 떨고 있는 풍랑을 밟으시고 내게 오시어 반드시 속삭여 주실 것입니다.

"이제는 안심하여라.
나니 두려워하지 말라." 마 14:27

너의 모든 **눈물**은
내가 너에게로 달려가는
**길**이었다

## 자존심

대학 시절, 이유를 알 수 없는 고난과 절망 앞에서 울고 있을 때 저희 교수님께서 욥의 이야기를 들려주셨어요.

"성경아, 누군가 그러더라. '욥을 건드려도 되는가'라는 사단의 물음에 건드려도 좋다고 허락한 분이 하나님이라고. 욥의 모든 괴로움과 고난의 배후에 하나님이 계셨다고. 욥의 모든 고난은 하나님 때문에 시작된 거라고. 그리고 그렇게 하나님은 욥에게 침묵하셨다고. 그토록 사랑하고 그토록 자랑스럽게 여기던 아들에게 하나님이 왜 그러셨을까? 사단에게 왜 욥을 넘기셨을까? 왜 그 고난 속에 아들을 홀로 버려두셨을까? 잘 들어 성경아.

하나님은 욥에게 자존심을 거셨던 거야.
욥은 하나님의 자존심이었던 거야.

하나님이 욥을 믿으신 거야. 내 새끼가 믿음을 입증해 낼 수 있음을 믿으신 거야. 내 아들이 해낼 걸 믿으신 거야. 하나님은 사단 앞에서 자신의 자존심을 욥에게 거신 거야.

버리신 게 아니야.
널 믿으신 거야.

외면하신 게 아니야. 널 신뢰하고 계신 거야."

사단은 하나님께 싸움을 걸었던 게 아니라, 하나님이 신뢰하는 자녀를 걸고 싸움을 걸었던 겁니다. 그리고 하나님은 자신의 자존심을 욥에게 거셨던 거예요.

**"네가 나를 충동하여 까닭 없이 그를 치게 하였어도 그가 여전히 자기의 온전함을 굳게 지켰느니라."** 욥 2:3

〈신은 죽지 않았다 2〉라는 영화에는 이유를 알 수 없는 고난 속에서 하나님을 향한 회의에 빠진 여주인공이 나옵니다. 그런데 그 여주인공을 향하여 할아버지가 한 대사가 있어요.

"내 학생이 시험을 푸는 중일 땐
선생은 그저 잘 풀기를 믿고 조용히 기다려 주는 것이지."

내 제자가 시험을 풀고 있다는 것을 아는 스승이라면 믿고 그저 기다려 주는 것이다…. 이 대사를 듣고 눈물이 멈추지 않았던 기억이 나요.

'아, 나를 버리고 가신 게 아니었구나. 내가 가짜였던 것이 아니라, 내가 무능했던 것이 아니라, 날 믿으시기에 나 몰래 내 앞에 시험지를 두고 가신 거구나. 조용히 날 기다려 주고 계셨구나. 그가 날 믿으셨구나.'

당신의 어두운 터널 끝에 도착했을 때, 당신의 시험지의 마지막 문제에 도착했을 때, 반드시 다시 보일 겁니다.

당신의 마지막 문제 끝에서
기다리고 계신 스승을 믿으십시오.

욥, 그가 드디어 그 끝에서 자신을 믿고 기다리셨던 하나님을 만납니다.

**"내가 주께 대하여 귀로 듣기만 하였사오나 이제는 눈으로 주를 뵈옵나이다."** 욥 42:5

그리고 주님은 끝까지 자존심을 지켜 준 욥을 힘껏 안아 주시고 눈물을 축복으로 갚아 주세요.

**"여호와께서 욥의 곤경을 돌이키시고 여호와께서 욥에게 이전 모든 소유보다 갑절이나 주신지라."** 욥 42:10

이유 없는 침묵을 허락하신다는 것은
이유 없는 축복을 주시겠다는 것입니다.

눈물도 많았고, 시련도 많았을 것입니다. 또 그분의 이유 없는 침묵 속에서 믿음의 싸움을 견디며 지치고 상한 심령으로 달려왔을 것입니다. 하지만 그럴 때 꼭 잊지 마세요. 하나님은 당신을 믿으셨던 겁니다.

당신은 여전히
하나님의 자존심이었습니다.

내 학생이 시험을
푸는 중일 땐

선생은 그저
잘 풀기를 **믿고**

조용히
**기다려 주는** 것이지

## 어느 날 예수님이 내게서 사라졌다

우리의 신앙에 혼란이 오는 때가 언제일까요? 분명 하나님과 뜨겁게 사랑이 타올랐고, 주님의 사랑만 생각하면 눈물이 났고, 주님께 예배할 수 있다면 그 무엇도 나를 막을 수 없을 만큼 주님께 딱 붙어 있었는데, 어느 날 돌아보니 예수님이 내게서 사라져 버렸다는 것이 느껴질 때입니다.

열심히 교회 사역을 섬기고, 더 크게 부르짖으며 기도해 보아도, 그때 주님과 만났던 추억이 내 착각과 감정이 만들어 낸 상상이었나 싶을 정도로 주님이 느껴지지가 않아요.

예수님이 내게서 사라졌어요.

다윗이 그랬어요. 다윗은 누구보다 뜨겁게 하나님과 사랑을 시작했어요. 하나님이 직접 그를 '내 마음에 맞는 사람'이라고 하실 정도였지요.

우리도 그럴 때가 있었잖아요. 하나님과 마음이 맞아 버린 듯한 만남, 예수 그리스도나 십자가라는 단어만 들어도 웃음과 눈물이 끊어지지 않았던 만남이 있었어요. 누구도 막을 수 없었어요, 내 사랑을.

그런데 그렇게 마음이 딱 맞아 버린 사랑스러운 다윗에게 하나님이 선물을 하나 하세요. 당신도 이 선물을 받았을지 모르고, 지금 이 선물을 받고 있는 중일지 몰라요.

그 선물은 '침묵'이었습니다.

어느 날 갑작스럽게 다윗에게 주님이 사라졌어요. 10년이나 주님은 보이지 않았고, 다윗은 느닷없는 고난과 배신 속에 사울 왕으로부터 목숨을 걸고 도망 다니게 됐어요. 왜 사라지셨냐고요! 주님이 전부 되게 만들어 놓으시고는 이제는 왜 나 홀로 이 세상과 싸우게 내버려 두고 침묵하시냐고요!

이해가 되지를 않아요. 처음부터 만나 주지를 마시던가. 지금까지 주님이 전부라 생각했는데, 그 전부가 보이지 않으면 나는 이제 어떻게 살아요.

사랑하신다면서 왜 그러셨을까.
그 이유는,
또 하나의 사울을 만들 수 없으셨기 때문입니다.

사랑하는 당신이기 때문에, 결코 놓칠 수 없는 보석이기 때문에, 중도 하차되는 사울 같은 도구가 아니라 진정 단단한 보석으로 만들어 내기 위하여 주님이 기다리시는 겁니다.

잊지 말아요.
하나님의 역사는
늘 그 침묵의 거름 속에서 꽃을 피웠어요.

"내 형제들아 너희가 여러 가지 시험을 당하거든 온전히 기쁘게 여기라 이는 너희 믿음의 시련이 인내를 만들어 내는 줄 너희가 앎이라 인내를 온전히 이루라 이는 너희로 온전하고 구비하여 조금도 부족함이 없게 하려 함이라." 약 1:2-4

사라지신 것도, 버리신 것도 아닙니다. 이를 악물고 지켜보실 겁니다. 순금이 되어 나올 당신을….

"그러나 내가 가는 길을 그가 아시나니 그가 나를 단련하신 후에는 내가 순금같이 되어 나오리라." 욥 23:10

또 하나의 사울을
만들 수 없었기에…

## 빛이 빛 되기 위해

급한 성격, 호들갑, 무모함, 우유부단함, 한없는 단순함, 그리고 적당하게 있는 비겁함까지…. 그런 베드로 선생님에게는 내가 쉬어 갈 만한 그늘이 보입니다. 실패와 실수, 그것은 나를 그늘로 만드는 거름이 됩니다. 그래서 하나님은 나를 부르실 때 나의 장점만 부르시는 것이 아니라 부끄러운 과거와 상처도 같이 부르십니다. 같이 쓰시겠다고.

우리가 살면서 가장 많이 드는 질문이 뭐예요? 하나님은 왜 내 미래와 앞을 다 아시면서 내 실수와 실패를 막아 주지 않으시는가? 왜 이 고난을 그냥 내버려 두시는가?

대답은 한 가지입니다. 당신을 위한 하나님의 큰 그림에는 당신의 완벽함과 성공도 필요하지만 또한 넘어짐과 실패도 꼭 필요하기 때문입니다. 금빛 물감이 큰 그림 안에서 진짜 금빛으로 빛나기 위해서 반드시 필요한 것이 검은색 물감입니다. 화가가 그 금빛 물감을 정말 빛 되게 그려내기 위해서는 그 큰 그림 안에 검은색도 칠해야 합니다.

당신의 삶 속에서 당신을 진정한 빛 되게 하기 위해서는
우리 인생의 화가 되시는 하나님께서
반드시 당신에게 검은색 물감도 칠하셔야 합니다.

당신에게 반드시 어둠과 실패도 허락하셔야 합니다. 왜냐하면, 당신을 깨뜨려야 하고 빛으로 만들어야 하기 때문입니다.

당신의 삶에 이해할 수 없는 어둠과 슬픔과 실패가 찾아왔을 때 기억하십시오. '금빛이 금빛 되게 하기 위해서 하나님께서 지금 내 그림 가운데 검은색을 칠하고 계신 것이구나. 나를 만들고 계신 것이구나.'

그러니 실패 가운데 있을 때, 나를 향한 실망 가운데 있을 때 기대하십시오. 깨지는 만큼 성숙해질 것이고 부서지는 만큼 쓰임 받을 것입니다. 지금 울면서 하나님 앞에 고민하고 있는 만큼 하나님의 도구가 될 것입니다.

이런 말이 있어요. "햇빛이 계속되면 사막이 된다." 우리는 기

도하죠. "하나님, 저에게 항상 햇빛을 비춰 주세요." 그러나 그 햇빛이 계속되면 내가 사막이 될 수 있다는 것을 우리 아버지가 제일 잘 아세요. 천둥도 필요하고, 비도 필요하고, 어둠도 필요하고, 앞을 가리는 안개도 필요해요. 그래야 사막이 옥토가 되니까.

그 아버지를 믿어 봐요.
당신이 사막이 되지 않도록 하기 위해
지금도 뛰고 계신 그 하나님을.

한 영상을 봤는데, 어떤 연예인이 아이에게 "너는 꼭 꽃길만 걸으렴"이라고 말했어요. 그런데 그 아이가 그러더라고요. "꽃길만 걸으면 꽃이 죽는데…."

베드로가 과거를 지울 수 있다면 가장 지우고 싶었을 그 배신의 날, 그 치욕과 실패의 날이 우리가 아는 베드로를 만든 가장 결정적인 날이 됩니다. 그날, 그의 상처는 사명으로 다시 태어나니까요.

우리 인생의 화가 되시는 하나님은
## 검은색 물감도
반드시 칠하셔야 합니다

# 하나님, 저는 왜 이렇게 느려요

'나는 언제까지 기다려야 하는 것일까.
언제까지 나는 아직이어야 하는 걸까.'

이유 없는 기다림의 땅에 갇혀 버릴 때 우리는 말해요.

"하나님, 저는 왜 이렇게 느려요?"

"저 됐죠? 다 끝났죠? 저 이제 충분하지 않아요? 이만큼 했는데? 이만큼 기다리고 견뎠는데?"

그런 날이 있더라고요. 현실은 불안하고 내 능력은 끝이 보이고 주님이 이제 뭔가 해주실 때가 됐는데 도움은커녕 계속 더 내려놓게만 하시는 때요. 제가 그래서 그랬어요.

"주님, 저 포기하실 거예요? 이쯤 되면 충분하지 않으세요? 저만 아직이에요? 왜 자꾸 내려놓게만 하세요? 저 진짜 이러면 주님 위해서 아무것도 안 해요!"

그렇게 반항하는 저에게 평생 잊을 수 없는 하나님의 마음이 들리는 것 같았어요.

"내가 너보다 잘해.
그리고 내가 너를 제일 잘 알아.
그러니까 널 완성시키는 나를 믿어."

그렇게 끝없는 기다림의 땅에 갇혀 있었던 한 사람이 있었습니다. 다윗, 그는 20대 전부를 광야에서 목숨 걸고 도망치면서도 그 10년 동안 하나님만 신뢰하면서 하나님의 타이밍을 기다렸거든요. 그리고 시간이 흘러 나를 도망자로 만든 사울왕이 죽었어요. 오랜 기다림이 결실을 맺듯, 오랜 다윗의 순종이 빛을 볼 때가 와야죠. 기다리고 순종했던 만큼 이제 주님이 화답해 주실 타이밍이 와야죠.

움직이는 권력 그 자체가 된 다윗이 하나님께 "이제 저 어디로 가면 됩니까?"라며 기대하듯 물어요. 그런데 하나님의 대답이 이상해요.

**"다윗이 여쭈되 어디로 가리이까 이르시되 헤브론으로 갈지니라."** 삼하 2:1

아니, 왕의 도시였던 기브아도 아니고, 이스라엘의 중심인 예루살렘도 아니고, 저 남쪽 헤브론으로 가래요. 그것도 또다시 7년 6개월, 이스라엘의 왕도 아닌 유다 지파의 반쪽짜리 왕으로요.

자그마치 10년을 기다렸어요. 10년을 광야에서 훈련받았고, 10년을 하나님만 바라봤고, 10년을 목숨 걸고 하나님이 맡기신 사람들을 지켜냈어요. 그리고 이젠 내가 그 권력이 되었고, 하나님만 나를 보내 주시면 되는데! 하나님의 대답은 아직이라는 겁니다.

"왜요! 왜 전 아직도 기다려야 하죠? 이젠 충분하지 않습니까! 왜 저만 이렇게 느려야 합니까!" 하고 싶지 않았겠어요? 그런데 다윗은, 또다시 "아직이다"라고 하시는 그 기다림의 헤브론에서 "왜요"가 아니라 시편 23편을 써 내려갑니다.

"예 주님, 여호와는 나의 목자시니 내게 부족함이 없습니다.
예 주님, 주님께서 저를 쉴 만한 물가로 인도하십니다.
예 주님, 제 잔이 넘치나이다."

그래서 하나님이 그를 '내 마음에 쏙 합한 자'라고 표현하신 것이 아닐까요. 영어 성경은 'a man after my own heart'라고 표현하는데, 미국에 있는 친구에게 직역을 부탁했더니 이렇게 알려 주더라고요. '나의 마음 뒤에 있는 한 남자'. 그제야 알겠더라고요.

'아, 하나님의 마음에 합하다는 것은 절대 하나님의 마음보다 앞에 있지 않는 것이구나. 하나님의 마음을 보고 뒤따라가는 것이구나. 다윗, 그는 내가 됐다고 생각하는 시간이 아니라 하나님이 충분하다 말씀하시는 시간을 따라갔구나. 하나님의 마음을 절대 뛰어넘어가려 하지 않았던 자구나.'

그래서 다윗이 분명 그 광야에서 깨달은 진리가 하나 있다면 이것일 겁니다.

**절대 주님보다 앞서지 않는다.**
**아직이라 하신다면 아직인 것이다.**

혹시 하나님이 '아직'이라고 말씀하시는 그 시간에 서 있다면 잊지 마세요. 그 시간은 나를 포기하시는 시간이 아니라 나를 완성시키시는 시간일 겁니다.

"그러므로 하나님의 능하신 손 아래에서 겸손하라 때가 되면 너희를 높이시리라 너희 염려를 다 주께 맡기라 이는 그가 너희를 돌보심이라." 벧전 5:6-7

고 옥한흠 목사님이 이런 말을 남기셨더라고요.

"하루아침에 싹이 나는 것은 다 나물이다. 거목은 정성껏 물을 주어도 하룻밤 사이에 훌쩍 자라지 않는다. 도대체 자라긴 하나 싶을 정도로 늦게 움이 튼다."

그 이유 없는 기다림의 땅에서 당신을 누군가의 그늘이 될 수 있는 거목으로 키우시는 그 아버지를 믿어 보는 겁니다.

'아, 내가 나물이 아니라
하나님의 한 그루 나무가 되었구나.'

이미 잘하고 있고,
이미 자라고 있을 겁니다.

"너는 주님을 기다려라. 강하고 담대하게 주님을 기다려라."
시 27:14, 새번역

잊지 마, 결국 내가 너를 제일 잘 알아

# 무슨 말인지 모르겠어요

매일 똑같이 드리는 새벽 기도, 불 꺼진 성전에 앉아 변함없이 두 손을 모으고 오늘 해야 할 기도들을 읊어 봅니다. 그런데, 제 옆에서 낯선 여성분의 목소리가 들려요.

"무슨 말인지 모르겠어요. 다시 말씀해 주세요."

제 스마트폰 AI였어요. 대체 내 기도 중 어떤 발음이 그녀를 호출한 것인지 지금도 전혀 모르겠지만 그때부터 웃음이 나기 시작했어요. 무미건조하고 생명력은 사라진 지 오래된, 혼자 마음 없이 읊고 있는 내 기도에 하나님이 이렇게 말씀하시는 것 같아서….

"얘야, 네가 무슨 말을 하는지 모르겠어.
너의 진심이 뭐야."

나의 진심을 찾으시는 그 물음 앞에 그때부터 아이처럼 "주님, 사실 제가 있잖아요…" 하며 눈물과 함께 제 마음을 쏟아내었습니다. 오랜 시간 멀리 떨어져 있던 것 같았던 그 주님을 볼 수 있었어요.

성경에 보면 예수님께서 사마리아 여인에게 하나님이 찾으시는 예배자의 모습에 대해 말씀하시는 장면이 나옵니다.

**"아버지께서는 이렇게 자기에게 예배하는 자들을 찾으시느니라 하나님은 영이시니 예배하는 자가 신령과 진정으로 예배할찌니라."** 요 4:23-24, 개역한글

'진정'으로 오라는 말은 온 정성을 다해서 예배를 드리라는 뜻이 아니에요.

가짜를 데리고 오지 말라는 겁니다.
하나님께 나올 때,
'진짜 당신'을 데리고 오라는 거예요.

신앙의 시간이 점점 차오를수록 '진짜 나'는 집에 숨겨 두고 가짜를 근사하게 꾸며서 하나님 앞에 끌고 오는 연기가 늘어요. 상처 하나 없는 사람인 척, 하나님 없이도 행복한 척, 씩

씩한 척, 경건한 척, 넘어지지 않은 척…. 그 가면이 하나님을 가려요. '진짜 나'는 절대로 집 밖에 나오지 못하도록 꼭 걸어 잠그고 나오느라 지금도 '진짜 나'는 옷장 안에 갇혀서 외로워 울고, 상처받아서 울고, 사람 만나는 것이 두려워 울고, 죄책감에 무너져 울고 있는 겁니다.

사실 '진짜 당신'이
하나님 앞에 나온 적이 없는 겁니다.

사마리아 여인이 우물가로 물을 뜨러 나왔어요. 차분한 표정으로 아무도 없는 시간에 나와 품위 있게 물을 길어 올리는 것처럼 보였을지 모르나, 우물가에 앉아 있던 예수님의 귀에는 이 여인의 가면 속 진짜가 부르짖는 소리가 들렸어요.

"예수님, 나 좀 살려 주세요. 나는 사실 행복하지 않습니다. 제가 왜 이 뜨거운 낮에 나왔겠습니까. 사람이 무서워요. 내 추악한 과거들이 너무 창피한데 멈출 수가 없습니다. 죄책감이 나를 누르고, 외로움이 나의 목을 조르고 있어요."

그때, 예수님이 이 여인의 가면을 벗기세요.

**"가서 네 남편을 불러 오라."** 요 4:16

내 가면이 벗겨지고, 내 부끄러움과 눈물과 염려가 다 그 앞에 쏟아지는 순간, 그 은혜가 다시 보이는 거예요.

가면을 벗어요.
'진짜 당신'으로 하나님께 가는 거예요.
그 가면을 벗어야, 하나님이 보이죠.
눈, 코, 입 다 가리고 있는데
어떻게 보이겠어요.

**"하나님께서 구하시는 제사는 상한 심령이라 하나님이여 상하고 통회하는 마음을 주께서 멸시하지 아니하시리이다."** 시 51:17

가면을 벗어요

그래야 보이죠

# Chapter 3

## 불안을 만난 한 영혼에게

_____ "거봐, 내가 널 책임져"

## 용기가 필요한 그대에게

SNS를 하다가 제 미국 친구가 올린 사진을 하나 봤어요. 제목은 "Your Life", 우리말로 "네 인생"이었는데, 천조각에 얼기설기 지저분하게 수가 놓여 있더라고요. 마치 누가 뜨다가 도망간 것 같은 작품이었어요.

정말 맞는 것 같아요. 교회에서는 "하나님 자녀의 인생은 복된 인생이야"라고 말들은 하는데, 내가 지금 나의 인생을 봤을 때는 저 작품처럼 참 허접하고, 실수투성이고, 실패투성이에요. 내 머릿속은 정리된 것이 없고, 매일 더 복잡해지고, 미래를 알 수 없어 불안하기만 해요. 주님께서 나를 향한 계획은 준비하신 것이 맞는지 이젠 두렵기까지 해요.

내 인생이 마치
주님이 뜨다 망치고 도망가신 작품 같은 때가 있어요.

나름 내게도 아름다웠던 주님과의 시작이 있었고, 선명했던 열정이 있었고, 주님을 위해서라면 뭐든 할 수 있을 것 같았던 뜨거움이 있었는데, 이젠 내 죄와 나약함이 나를 덮었고 하나님도 나를 버리신 것 같아요.

하지만 그럴 때일수록
당신이 사랑한다 말하는 그 아버지의 손을 믿어 보세요.

저렇게 형편없어 보이게 이끄시고, 실패투성이와 상처투성이로 나를 만드시는 것 같은 그때에도 사실 우리는 멋진 작품으로 만들어지고 있어요. 자, 아까 그 지저분한 수가 놓인 작품을 뒤집어 보면 어떻게 될까요? 상상도 하지 못할 멋진 그림이 새겨져 있는 것을 볼 수 있을 거예요.

멋지죠, 당신이 그래요.
당신을 만드시는 아버지의 손을 믿어 봐요.
당신은 그렇게 멋지게 만들어지고 있어요.

우리는 매일 아버지의 뜻을 다 알지는 못하지만 신뢰할 수 있습니다. 나를 가장 완벽한 능력과 진리로 이끄시는 주님의 손을…. 이 말씀 알아요? 저를 두려움의 구렁텅이에서 구해 줬던 말씀이에요.

"내가 네게 명령한 것이 아니냐 강하고 담대하라 두려워하지 말며 놀라지 말라 네가 어디로 가든지 네 하나님 여호와가 너와 함께 하느니라 하시니라." 수 1:9

두려움의 감옥에서 아무 소리도 듣지 못하는 당신의 영혼을 향해 외치시는 하나님 아버지의 음성이 아닐까요?

"보이는 상황에 포기할 필요 없다고!
결국 내가 너를 만든다고!
너조차 널 포기했어도 내가 널 포기하지 않았다고!"

그러니 선택해요. 우리에게는 두 가지 선택지밖에 없어요.
'포기' 또는 '용기'.

이런 글이 있더라고요.

Relax, God's timing is perfect.
안심하라, 하나님의 타이밍은 완벽하다.

그러니 이제 다시 그 아빠 믿고 용기 내도 괜찮아요.

멋지죠,

당신이 그래요

# 하나님이 끝났다 하시기 전까지

어느 날 아버지 목사님과 차를 타고 가다가 책에서 읽은 이찬수 목사님의 간증을 말씀드린 적이 있어요.

"아빠, 이찬수 목사님의 아버지는 정말 경건하신 분이셨대. 작은 개척교회를 담임하면서 성도님들을 위해 40일 동안 금식 기도를 하시다가 그만 17일째 되던 날 하나님 품에 안기셨대. 아들이셨던 이찬수 목사님의 마음이 얼마나 아프고 또 하나님이 얼마나 원망스러웠을까 싶었어. 그런데 이찬수 목사님은 그렇게 기도만 하고 미처 열매를 거두지 못하고 가신 아버지 목사님의 무릎의 열매를 자식인 본인이 지금 놀라운 방법으로 거두고 있다고 겸손히 고백하시는 거야. 그래서 나도 우리 아빠에게 너무 고마웠어. 내가 오늘도 하나님 은혜 아래서 사역하고 또 열매 맺을 수 있는 것은 내가 잘나서도 아니고 내가 능력이 있어서도 아니라, 우리 아빠가 무릎으로 쌓은 열매를 자식인 내가 그저 은혜로 거두고 있는 거구나 싶어서 우리 아빠한테 너무 감사했어."

이 고백을 아버지에게 나누는데 가슴이 뭉클해지면서 눈에는 감사함의 눈물이 맺히더라고요. 그런데 저희 아버지는 뭐라고 대답하셨을까요? 이러시더라고요.

"아들, 네 열매는 네가 기도해서 먹어. 내가 쌓은 열매는 내가 다 거두고 갈 거야. 아빠는 아직 끝나지 않았어. 하나님이 끝났다 하시기 전까지 끝나는 것은 없다?"

하하. 역시 책과 현실은 다르구나 싶었어요. 그런데 그 말들 속에 제 마음 깊이 들어와 잊히지 않는 문장 하나가 있었어요.

하나님이 끝났다 하시기 전까지
끝난 것은 아무것도 없다.

우리가 살다 보면 넘어질 때가 있어요. 다시는 극복하지 못할 것처럼 비참하게 무너지기도 해요. 칠흑 같은 절망의 밤을 만나서 간신히 붙잡고 있던 손들도 이젠 다 놔버리고 싶고, 하나님 앞에 설 자격 없어지는 내 모습에 실망하고, 이젠 그런 나에게 화도 나기 시작하면서 우리는 그렇게 점점 나를 잃어가요. 우리는 다 그렇게 무너짐을 경험해요. 그런데 성경에 진짜 무너짐의 달인이 나옵니다.

**"대저 의인은 일곱 번 넘어질지라도 다시 일어나려니와."** 잠 24:16

아니, 똑같은 일에 한두 번이야 실패하고 넘어질 수 있죠. 그런데 일곱 번 연속으로 같은 일에 실패한다면 솔직히 그냥 때려치워야 하는 거 아닌가요? 그 길에는 딱히 재능이 없는 거 아니겠어요? 절망 속에서 헤매다 울고, '아 하나님도 원치 않으시는구나. 난 기도해도 소용없구나' 하고 끝내야 맞는 그림이 아니겠어요?

제가 대학 학부 전공으로 영어를 공부했어요. 4년을 그 비싼 등록금을 내가며 영어만 공부했어요. 시골 촌놈이 미국에서 신학공부를 해보고 싶었거든요. 그런데 유학을 가기 위한 시험인 토플에서 네 번이나 터무니없이 떨어집니다. 같이 학원 다니고 공부했던 동료들은 다 붙어서 떠날 때 저 홀로 아무것도 하지 못하고 남아 있는데, 정말 나 자신을 얼마나 미워하고 한심해하며 울었는지 몰라요. 이 정도면 꿈을 접고 울어야죠. 비참하게 포기하고 미래의 두려움에 무너져야죠.

그런데 그때, 도대체 무엇이 저 본문 속 일곱 번이나 넘어진 사람을 여덟 번 다시 일어나게 했을까 궁금해지더라고요. 고집이 셌던 걸까? 남들보다 참을성도 많고, 긍정적인 마인드도 강했던 것일까?

아니요. 사실 저 본문에서 포기를 모르는 멋진 청년 같아 보이는 의인은 중요하지 않아요.

포기를 모르는 진짜 주인공은
일곱 번이나 넘어진 이 바보 같은 나를 포기하지 않으시고
다시 또 일으켜 주기 위해 나에게 달려오신
우리 하나님 아버지예요.

한 번도 실패하지 않았던 것처럼 그 손을 내밀어 주시며 "또 넘어졌느냐. 그게 뭐 어쨌단 말이냐. 내 손을 잡거라. 나는 아직 끝나지 않았다" 하시는 우리 아버지요.

이런 생각도 들죠. '이렇게 연약한데, 이렇게 부족한데, 이렇게 더러운데, 왜 하나님은 또 바보처럼 내게 와 손을 내밀어 주시는 것인가.'

그래서 우리는
이것을 '은혜'라고 부릅니다.

이 말씀을 꼭 지금 이 책을 읽고 있는 그 방에서 읽어 보세요.

"두려워하지 마라 내가 너를 속량했다. 내가 네 이름을 불렀다 너는 내 것이다. 네가 물에 빠져 허우적거릴 때 가라앉게 내버려 두지 않을 것이다. 사면초가에 처해도 그것이 네게 막다른 골목이 되지 않으리라. 너는 내게 그만큼 소중하다. 내가 너를 그만큼 사랑한다. 그러니 두려워하지 마라. 내가 너와 함께한다." 사 43:1-5, 메시지

지금 그 두려움의 골목을 지나고 있다면 기억하세요. 하나님이 끝났다고 하시기 전까지 끝나는 것은 세상에 아무것도 없습니다.

하나님이 **끝났다** 하시기 전까지
끝나는 것은 세상에 **아무것도** 없습니다

## 나는 자퇴생입니다

저는 자퇴생이에요. 중학교 입학식, 하나님의 사랑에 빠졌었고 하나님을 위해 사명자로 살겠다 결단했던 14살, 과학 담임선생님은 입학식 첫날 교회 다니는 아이들을 일어나라 하셨고 혼자 일어나게 됐던 저는 아이들 앞에서 하나님 믿는 자로 욕을 먹습니다.

하나님을 너무 사랑했던 제가 그 치욕 속에서 눈물을 흘릴 때 우리 하나님, 등장해 주지 않으시더라고요. 절 구해 주지 않으셨어요. 그 놀림과 치욕 속에서 저를 내버려 두셨어요. 그런데 더 괴로웠던 것은, 내 사랑하는 주님을 위해서 아무런 대답도 못했다는 것이었습니다.

내가 너무 무능해 보이고 부족해 보여서 초라하고 비참하고 처절했어요! 손이 떨리고! 심장은 요동치고! 너무 억울해서 눈물도 더 이상 나오지 않을 만큼 당혹스러웠어요! 그렇게 내 믿음은 초전 박살 나기 일보 직전이었어요. 그런데 성경의 이 인물이 생각나더라고요. 회당장 야이로. 딸을 고쳐 주겠다는 예수의 확신에 찬 말을 믿고 딸이 있는 집을 향해 가는데 그의 하인이 소식을 들고 달려오는 겁니다.

"당신의 딸이 죽었나이다." 막 5:35

그의 믿음이 바스스 무너지기 시작해요. '그래, 내가 처음부터 잘못했다. 이런 중요한 시간에 예수를 찾은 게 잘못이지. 이럴 시간에 더 좋은 의원을 찾아 나섰어야 했는데.' 그렇게 야이로가 믿음을 버리는 말을 뱉으려는 순간, 모든 것을 포기하려는 그의 눈을 보신 예수님께서 단호하게 말씀하세요.

"두려워하지 말고 믿기만 하라." 막 5:36

이런 뜻이 아니셨을까요? "현실을 보지 말거라. 내가 그 현실보다 강하다. 상황이 변하니 모든 것이 다 포기가 되느냐! 그게 뭐 어쨌단 말이냐! 내가 지금 너의 딸에게 가고 있지 않느냐. 나만 보고 가거라. 두려워하지 말고 날 믿기만 하거라."

그 고난 덕분에 저는 생전 꿈꾸지 못했던 비전을 가집니다.

'내 남은 학창 시절 6년을 하나님께 바쳐 보자.' 그렇게 치욕 속에 자퇴서를 내고 시간이 지나 16살에 침례신학대학교에 09학번으로 입학합니다. 입학증을 들고 자퇴한 학교를 찾아갔을 때 그때 담임선생님께서 먼저 교문 앞으로 마중 나와 주시더라고요. 그제야 예수님이 말씀하시는 것 같았어요.

"거봐, 내가 널 책임져."

'황소 머리'라는 작품이 있습니다. 이 작품은 1943년에 피카소라는 화가가 길을 가다가 버려진 자전거를 보고 손잡이와 안장을 뜯어 와서 만들었대요. 이게 얼마에 팔렸을까요? 293억이랍니다.

때론 우리도 버려진 자전거처럼 비참하고 처절하고 불안한 시간을 지나가요. 하지만 그 버려진 자전거 손잡이와 안장도 사람의 손길로 293억의 작품이 된다면, 우리 하나님이 걱정 말라 하시고 끝까지 함께하겠다 약속하신 내 인생은 반드시 '기적'일 수밖에 없어요. 현실의 골리앗이 너무 커 보이면 그 골리앗의 정수리를 보고 계시는 주님을 보세요. 그분이 우리가 아빠라고 부르는 우리의 아버지니까요.

거봐, 내가 널 책임져

## 무엇이 승리인가

"저의 지금 이 광야에서 잘 견디고 있으면 분명 주님께서 제 노력 다 기억해 주시고 멋진 승리를 꼭 주시겠죠?"

우리는 그렇게 승리를 원해요. 요셉도 그 힘든 노예의 시간을 견뎌냈더니 국무총리가 됐으니까요! 다윗도 그 광야 도망 길을 끝까지 견뎌냈더니 왕으로 하나님이 써주셨으니까요! 그러니까 나의 지금 이 광야도, 이 눈물의 골짜기도 잘 지나가기만 하면 반드시 주님 주시는 승리가 있지 않을까 싶어요.

그런데, 아니라면요.
아무것도 없다면요.
기대했던 승리가 아니라면요.

열심히 광야 끝까지 이 십자가 지고 버텨 봤는데 여전히 주님은 나타나지 않으시고, 변함없이 주님을 간증하기에는 너무 초라한 내 현실이라면요. 주위 사람들은 나 보고 그래요.

"하나님이 살아있다면 네 삶이 이제는 좀 바뀌어야지! 어떻게 기도하면 할수록 너의 현실은 열릴 기회가 보이질 않냐고!"

성경을 보다 보니 그렇게 아무런 승리도 없는데 절망의 불구덩이 끝까지 그 믿음이라는 것을 기어이 손에 쥐고 가는 사람들이 있더라고요. 다니엘의 세 친구, 사드락과 메삭과 아벳느고입니다. 느부갓네살 왕이 그들을 부르더니 갑자기 자신이 세운 금우상 앞에 절하래요. 절을 하면 이제라도 다 살려 줄 수 있으니 한번 하래요. 그렇지 않으면 저 풀무불 속으로 집어넣어 다 태워 죽이겠대요. 그들이 대답합니다.

**"느부갓네살이여 우리가 이 일에 대하여 왕에게 대답할 필요가 없나이다 왕이여 우리가 섬기는 하나님이 계시다면 우리를 맹렬히 타는 풀무불 가운데에서 능히 건져내시겠고 왕의 손에서도 건져내시리이다."** 단 3:16-17

이렇게 멋지게 하나님을 고백하는데, 이렇게 끝까지 믿음을 지키는데, 하나님 이 고백을 들으셨다면, 이 싸움을 보셨다면, 떨면서도 하나님을 끝까지 그 손에서 놓치지 않으려 했던 이들의 용기를 보셨다면 이젠 뭔가 보여 주셔야죠. 왕이 쓰러지든가, 앞에 불이 꺼지든가 했어야죠. 그들에게 승리가 열리고 역전이 일어나는 기적이 나타나야죠. 그곳에 하나님의 능력이 등장했어야죠!

그런데,
아무것도 없었어요.

오히려 불은 일곱 배 더 뜨거워지고, 나를 끌고 가던 군인마저 그 불의 열기에 먼저 타 죽습니다. 아무런 역전도, 기적도, 승리도 없이 그 불속으로 점점 들어가는 그때, 그들은 끝까지 믿음을 쥐고 있었던 것을 후회하지는 않았을까? '이럴 줄 알았으면 그냥 딱 한 번 눈 감고 절할걸 그랬다.'

내 믿음을 보고 승리를 들고 오실 줄 알았는데, 어디 계신 것인지 나타날 생각을 하지 않으시는 그 하나님이 원망스럽지 않았을까? 그 불로 끌려가면서 "하나님 대체 어디예요! 이 정도 보셨으면 됐잖아요. 이제 역전을 시켜 주셔야죠! 우리가 여기까지 믿음 꽉 쥐고 왔잖아요. 이제 정말 다 왔다고요. 이제 진짜 불이 코앞이라고요!" 하고 싶지 않았을까? 그런데 그들의 대답이 그때 그 순간 그들의 마음이 어땠는지를 증명해요.

"그렇게 하지 아니하실지라도 왕이여 우리가 왕의 신들을 섬기지도 아니하고 왕이 세우신 금 신상에게 절하지도 아니할 줄을 아옵소서." 단 3:18

'그렇게 하지 아니하실지라도…'
이런 마음이었던 거예요.

'주님, 저희도 이 풀무불의 의미를 다 이해하지 못합니다. 어쩌면 이 선택이 우리의 실패일지도 모릅니다. 하지만 비록 저 불속에서 타 죽는다 할지라도 그것이 실패라고 생각하지 않습니다. 왜냐하면 우리는 하나님만을 선택하기로 결정한 것이고 그것이 우리의 성공이라고 생각하기 때문입니다. 우리의 성공을 통해서 영광 받으셨던 하나님이라면 분명 우리의 실패와 죽음으로도 영광 받으실 수 있다는 것을 압니다. 죽는다면 그 죽음으로 영광 올려 드리겠습니다. 그리 아니하실지라도… 사랑합니다. 그것이 우리의 승리입니다."

기억하세요.
우리 그리스도인들의 승리는
"내가 십자가를 끝까지 졌더니
주님께서 이런 능력과 성공을 결국 주셨어요!"가 아니라,
당신이 그 십자가를 졌다는 것이 승리입니다.

'십자가를 지는 것이 승리인 삶', 이거 바보 아니냐고요? 맞아요, 바보예요. 그런데 잊지 마세요. 우리가 믿는 예수님은 예수를 선택한 바보를 그냥 내버려 두실 바보가 아니에요. 무엇이 진정한 승리인지를 아는 그 믿음의 길 끝에 반드시 예수님이 기다리실 겁니다.

"그때, 느부갓네살 왕이 소스라치게 놀라며 자리에서 벌떡 일어나 말했다. '우리가 손발을 묶어 불속에 던져 넣은 사람이 셋이 아니더냐? 그런데 보아라! 내 눈에는 지금 네 사람이 보인다. 그리고 그들은 아무 해도 입지 않고 불속을 자유자재로 걸어 다니고 있다! 저 네 번째 사람은 꼭 신의 아들 모습 같구나.' … 사드락과 메삭과 아벳느고가 불 가운데서 걸어 나왔다." 단 3:24-26, 메시지

거봐요, 예수를 선택한 바보를 예수님이 그 불길 끝에서 기다리고 계세요. 여전히 초라한 현실 끝에서 흔들리고 있는 작은 손으로 사랑하는 십자가를 놓치 못하는 당신을 바라보며 분명 말씀하실 겁니다.

"자신 있게 뛰어오거라.
내가 그 끝에 반드시 있을 것이다.
네가 지켜낸 그 십자가,
그것이 이미 너의 승리이니라."

'십자가를 졌더니
**성공**을 주셨다는 것'이
**승리**가 아니라,


'그 십자가를 **졌다는 것**'이
**승리**입니다

# Chapter 4

## 신앙에 실망하여 무너진 한 영혼에게

———— "다시 만나자, 그 갈릴리 호수에서"

## 내 영혼에 고장이 일어나기 시작할 때

컴퓨터나 핸드폰이 갑자기 고장 난 것처럼 먹통이 될 때 우리는 Reset 버튼을 꾹 눌러요. 이 버튼 하나면 처음의 기능으로 돌아가서 다시 시작할 수 있게 되는 겁니다.

성경 속에서 고장 났던 한 사람을 뽑으라면 꼭 베드로가 생각이 나요. 베드로, 그가 누굽니까? 예수님께 선택받았던 수제자 아닙니까? 자신의 모든 배를 버리고 예수님을 따를 정도로 예수님 한 분이면 충분했던 자. 예수님을 따를 수 있다면 잘 곳도, 머리 둘 곳도 없을지라도 그저 행복했던 자. 잠시지만 예수님을 따라 물 위를 걸었을 때 꿈을 꾸는 것처럼 기뻐했던 그 제자가 베드로였어요.

그러나 죽기까지 따르겠다고 했던 고백은 사라져 버리고, 그는 예수님을 저주하며 배신합니다. 예수님을 믿기 전 어부의 삶으로 도망쳐 버립니다. 그의 영혼이 고장 나 버렸죠. 그의 고장이 남의 이야기 같지 않아요. 그렇게 뜨겁게 눈물로 시작했던 사명은 시간이 갈수록 말라가고, 눈물이 마르니 마음도 마르고, 마음도 마르니 은혜도 말라서 교회생활은 기쁨이 없고 힘들기만 합니다. 반대로 세상은 점점 더 달콤해지고, 전에는 죄를 지으면 회개하던 마음이 있었는데 이제는 죄가 죄인 줄도 모르며 살아가고, 예배 시간이 다가오는 것이 무섭기까지 하고, 나에게 충고해 주는 모든 소리들이 짜증이 나고, 동역자들이 싫어지고, 내게 주셨던 비전마저 흐려지며 우리 영혼은 그렇게 고장이 나기 시작했어요.

그런데 그 고장 난 베드로를 Reset 하기 위해 예수님이 찾아가신 장소가 있습니다. 예수님이 죽음에서 일어나시자마자 그를 다시 만나러 가신 장소, 바로 '갈릴리 호수'였어요. 왜 예수님은 예루살렘이 아니라 갈릴리 호수에서 베드로를 다시 만나길 원하셨을까요?

그곳이 베드로가 예수님의 손을
처음 잡았던 자리였기 때문이에요.

두렵고 떨렸지만 다 버리고 그분의 손을 택했던 나의 출발지가 바로 그 갈릴리 호수였어요. 예수 그리스도의 온도를 처음 느끼기 시작한 곳, 그곳이 갈릴리 호수였어요. 이런 말이 있더라고요.

오늘 회의가 찾아들 땐,
왜 시작했는지를 기억하라.

내 안에 고장이 일어날 때는 왜 시작했는지를 기억해야 해요. 내 영혼이 고장 나기 시작하여 내 신앙이 다 무너지게 될 때, 내가 어떻게 그분을 사랑하기 시작했는지, 내가 어떻게 그 출발지에 서게 됐었는지, 내가 이 사명을 그분 앞에서 어떻게 품었었는지, 그 따스했던 당신의 출발지를 기억하세요.

당신이 돌아가야 할, 당신이 다시 서야 할, 당신이 다시 되찾아야 할 당신의 아름다운 그 출발지는 어디입니까? 당신이 사랑한다 고백했던 예수 그리스도의 온도를 처음 느꼈던 그곳은 어디입니까?

누구는 그러더라고요.
"전도사님! 저는 다 아는데도! 다 해봐도! 기도가 안 돼요. 이제는 예배가 안 돼요."

그런데 사실, "기도가 안 돼요. 예배가 안 돼요"라는 말은 존재하지 않아요.

기도는 되는 게 아닙니다.
기도는 하는 겁니다.
예배는 되는 게 아닙니다.
예배는 하는 겁니다.

기도는 내 감정과 상관없이 내가 돌아가서 해야 하는 것이고, 예배는 내 감정 따라 되고 안 되는 것이 아니라 하는 겁니다. 그러니 감정이 허락해 줄 때 돌아가지 말고 지금 당장 당신의 갈릴리 호수 앞으로 돌아가십시오.

누군가는 찬양을 듣던 자리일 수도 있고, 누군가는 부모님 손잡고 또는 친구 손잡고 갔었던 예배의 자리일 수도 있고, 누군가는 성경책 앞에서 예수님과 출발했었던 자리일 수도 있을 것입니다. 그렇다면, 당신의 갈릴리 호수는 어디입니까? 만약 지금 영혼의 고장을 맞이하고 있다면, 내 영혼에 도무지 컨트롤할 수 없는 오류가 뜨기 시작했다면 당신의 갈릴리 호수를 기억해 내세요.

"다시 만나자,
그 갈릴리 호수에서."

오늘 회의가 찾아들 땐,

왜 시작했는지를 **기억**하라

## 뽀뽀

저는 초등학생 때 진짜 심하게 독감이 걸렸던 적이 있어요. 침도 삼키지 못할 정도로 목이 붓고 열은 극심하게 올라서 3일 동안 침대에서 꼼짝도 하지 못했던 적이 있어요. 그런데, 그렇게 아파하고 있던 3일 내내 저희 어머니께서 누워 있는 아들 곁에 와서 밤새도록 하셨던 행동이 하나 있었어요.

바로
뽀뽀였어요, 뽀뽀.

갑자기 앓아 누운 저에게 3일 밤 내내 뽀뽀를 하시는 겁니다. 그렇게 뽀뽀하시며 매일 제 귓가에 울먹이며 해주셨던 그 말씀이 아직도 잊히지 않아요.

"성경아, 엄마한테 옮겨. 얼른 엄마한테 옮겨.

얼른 나아야지. 옮기면 나을 거야.
엄마가 가져갈게. 엄마가 아플게.
우리 아들, 얼른 옮기고 나아라."

그런데 이젠 이런 생각이 들어요.
'아, 이게 예수 그리스도가 우리를 사랑하신 방법이었구나.'

우리는 일상을 살아가며 이젠 그분의 고통이 나 때문이라고 생각하지 않아요. "예수님의 죽음이 사실 나랑 무슨 상관이냐고. 그 아픔을, 그 상처를 내가 낸 거냐고." 우리는 예수님을 믿는다 하지만, 사실 그 상처를 잘 보려고 하지 않아요. 그런데 우리는 진지하게 이런 질문을 던져 보아야 합니다. '예수님은 대체 왜 그 고통을 피하지 않으셨던 것일까?'

저는 어린 시절, 이 질문 때문에 예수님을 믿지 못했습니다. 예수님은 신인데, 왜 이런 고통 하나 피하지 않으셨는가! 이런 고통과 슬픔 없이도 하늘에서 하루 날 잡아 내려오셔서 하늘나라 최고급 마취 주사 하나 맞으시고! 가장 가벼운 십자가 하나 골라서 우리 대신 죽으시면! 얼마나 심플하고 간단한가!

신이었잖아요. 그런데 세상에 자기가 만들어 낸 작품들한테 벌거벗겨져 죽는 신이 어디 있어요! 예수님이 왜 그렇게 사셨는지, 예수님이 왜 그런 바보이셨는지 이사야 53장 4절은 이렇게 이야기합니다.

"그를 보면 사람들은 고개를 돌렸다. 우리는 그를 멸시했고, 벌레 취급했다. 그러나 그는, 질고를 짊어지고 가는 사람이었다. 우리의 고통, 우리의 추함, 우리의 모든 잘못을. 우리는 그가 제 잘못 때문에 저렇게 되었다고, 자기 잘못 때문에 하나님께 벌을 받는 것이라고 생각했다. 그러나 실은, 우리의 죄 때문이었다. 그가 찢기고, 깨지고 밟힌 것은, 우리의 죄 때문이었다! 그가 벌을 받아들였기에 우리가 온전해졌고, 그가 입은 상처를 통해 우리가 치유를 받았다." 사 53:4-5, 메시지

아, 십자가…. 그 고통을 피하지 않으셨던 이유. 그것이 이 세상 무엇도 살릴 수 없었던 우리의 병든 영혼을 향한 예수님의 뽀뽀였던 거예요.

영원한 사망을 맞아야 하는 우리의 질고에, 우리의 슬픔에 예수님이 뽀뽀해야 하셨던 거예요. 그 바보 같은 길을 선택하셨던 예수님의 마음이 이렇지 않으셨을까요?

'왜 바보같이 그들에게 당하고만 있었냐고?

네가 아프지 않아야지.
네가 그 고통을 벗고 살아야지.
네가 그 슬픔을 감당 못할 것을 아니까.
네가 그 비웃음을 견디지 못할 것을 아니까.
너 자신이 원망스러운 자괴감에서
헤어 나오지 못할 것을 알았으니까.
내가 다 가져가마. 너는 가만히 있어라.
내가 여호와 하나님 됨을 알지어다.'

예수님이 십자가에서 죽기 직전 갑작스럽게 어울리지 않는 말을 하나 하십니다.

**"내가 목마르다."** 요 19:28

사람들은 갑자기 저게 무슨 말인가 했을 텐데, 딱 한 사람만큼은 그 말의 의미를 제대로 알고 있었을 겁니다. 바로 예수님이 십자가에 달리신다는 소리를 듣고 골고다 언덕까지 쫓아갔을 사마리아 여인이요. 예수님께서 친히 사마리아 땅까지 가셔서 그녀의 영원한 삶의 갈증을 안타까워하시며 자신이 주는 영원한 생수를 마시라고 하셨던 그 여인이요. 내게 영원히 목마르지 않는 생수를 주셨던 예수님이 이제 그 십자가 위에서 말씀하시는 거예요.

"이제 내가 목마르다."

그 소리를 들었을 때 모든 사람들은 이해하지 못했겠지만 이 여인만큼은 통곡하지 않았을까요?

"저 목마름이 내 목마름입니다. 저분이 내 목마름을, 우리의 목마름을 가져가신 겁니다."

당신이 오늘 예수 그리스도를 믿는다는 것은 그분 몸에 새겨진 내 상처를 만난다는 뜻입니다.

'내 상처가 왜 거기 있어요?'

그 상처 난 치료자이신 예수님이기에 오늘도 무너지고 찢어진 당신을 다시 안아 주실 수 있는 거예요.

이미 너의 **상처는 내 거야**

네가 **아프지 않았으면** 했다

## 혹시 엄마가 먼저 떠난다면

저는 보통 집에서 어머니와 거의 함께 있어요. 그런데 요즘 문제가 있다면 제가 점점 어머니에게 소홀한 아들이 되어간다는 겁니다.

여러 일정들을 마치고 집에 돌아가면 보통 밤 11시가 넘어요. 어머니는 아들이 혹시 밤 운전 중에 피곤해서 사고라도 나지 않을까 걱정이 되어서 먹어야 하는 수면제도 드시지 않고 늦은 밤까지 기다리십니다. 그러나 아들은 집으로 들어가면 간단히 인사만 하고 곧바로 방으로 들어가 일을 마무리하고 바로 눈을 감아요. 기다리셨던 어머니에게 죄송한데도 이게 쉽게 노력이 안 돼요.

저는 분명 어머니를 사랑하는데, 어머니를 위해서 제가 하는 노력이 없어요. 그런데 우리의 신앙도 점점 그렇게 변해가지 않나요? 분명 여전히 사랑하고, 예전과는 달라진 내 모습에 죄송하기도 하고, 그래서 노력은 해야겠다고 생각은 하는데, 이미 다른 것들로 인해 분주한 나의 상태는 도무지 하나님 아버지께 집중되지 않아요. 그저 죄송하고 찔리기만 해요.

그날도 저는 그렇게 지친 어깨로 밤늦게 집으로 들어갔습니다. 어김없이 어머니는 수면제도 드시지 않고 그냥 기다리고 계시더라고요. 저는 뜬 눈으로 누워 계신 어머니 옆에 걸터앉아서, "엄마 미안해요, 아들이 매번 바쁜 척해서"라고 말했어요. 그때 엄마가 씩 웃으시곤 저를 바라보며 하신 말씀이 있어요.

"엄마가… 혹시 예상치 못한 날에 먼저 가게 되면 잊지 마.
넌 엄마에게 최고였어.
미안해하면 안 돼.
절대 미안해하느라 힘들어하고 무너지면 안 돼.
한순간도 빠짐없이 우리 아들, 넌 엄마에게 사랑이었어."

성경을 보면 예수님을 분명 사랑했지만 결국 배신했던 베드로가 끌려가시던 예수님과 눈이 딱 마주치는 장면이 나옵니다. 베드로는 얼마나 죄송했을까요? 그리고 그때 예수님은 과연 어떤 눈빛이었을까요? "나 금방 돌아온다. 너 꼼짝 말고 기다려라. 내가 너부터 벌할 거야. 네가 그것밖에 안 되는 놈이구나" 하는 눈빛이었을까요?

아니요. 죄송함에 눈물 가득했을 베드로를 바라보며 끌려가셨던 예수님의 눈빛은 이런 것이 아니었을까요?

"괜찮다. 거봐라, 내가 이미 말했지?
곧 올 거다. 다시 널 사랑하러 올 거다.
그러니 무너지면 안 된다. 도망가지만 말거라.
연약한 그 모습 그대로 괜찮으니 꼭 내게 있어라.
여전히, 넌 내게 사랑이다.
우리는 다시 사랑하게 될 것이다."

혹시 부족한 내 모습에, 실망하실 내 연약함에, 다 포기하고 도망가고 싶은 시간을 지나고 있다면, 부디 도망가지 마세요. 그저 당신을 사랑하신 아버지잖아요.

어느 날 새벽에 기도를 하면서 이런 생각이 들었어요. 그럴 리 없겠지만, 정말 그럴 리 없지만, 오늘이 하나님이 함께 계셔 주시는 마지막 날이 된다면, 오늘이 지나면 나를 떠나시고 내게서 사라지신다면, 나는 지금 무슨 기도를 할까? 다음 주에 있을 일정들? 내 삶에 해결해 주셨으면 하는 문제들? 분주하게 기도하던 그 어떤 것도 더 이상 나오지 않더라고요. 딱 하나, 이것이었습니다.

"사랑했습니다.
당신이 있었기에 제가 여기까지 있을 수 있었습니다.
제 평생을 다해 당신만 사랑했습니다."

혹시 내가 다시 돌아갈 수 있을까, 다시 회복할 수 있을까 고민하고 있다면 걱정하지 마세요. 그분은 여전히 기다리실 겁니다. 아버지라 부르며 사랑으로 달려올 당신을….

하나님은 구약의 긴 역사를 마무리하시며 인간을 향한 마지막 고백을 이렇게 시작하십니다.

"**내가 너희를 사랑하였노라.**" 말 1:2

한순간도 빠짐없이

넌 내게 사랑이었다

## 할머니의 챔피언벨트

이런 질문이 웃기긴 한데, WWE 레슬링을 혹시 아시나요? 저는 어린 시절부터 지금까지도 WWE 레슬링을 굉장히 좋아합니다.

저에게는 부모님 외에 저를 함께 키워 주셨던 할머니가 계셨어요. 철이 없던 어린 시절, 전 매일 할머니 방을 찾아가 할머니의 침대 베개로 레슬링을 했어요. 왜 꼭 할머니 방이었냐면, 저희 할머니에겐 챔피언벨트가 있었거든요. 그 벨트는 바로, 수술하신 할머니 배를 보호해 주던 '복대'였어요. 저는 챔피언벨트가 있는 할머니가 너무 좋았고 매일 그렇게 복대를 뺏으며 침대를 뺐으며 놀았어요.

시간이 흘러 레슬링과 벨트가 필요 없어진 손자는 더 이상 할머니 방을 찾아가지 않게 됩니다. 그렇게 방을 그냥 지나가는 손자를 보면 할머니가 항상 했던 말이 생각나요.

"레슬링하러 안 오노~ 레슬링하러 안 오노~
챔피언벨트 안 필요하나~"

"아 할머니 무슨 벨트여. 얼른 배에 차세요" 하고 손자는 사라져요.

이제야 깨달아요. 이기적이고, 나밖에 생각할 줄 몰랐던 손자에게 할머니는 이렇게 말씀하셨던 거였어요.

"아냐, 그래도 이렇게 네가 나에게 오는 것이 좋았다."

19살, 한국을 떠나 미국으로 유학을 가던 날 봤던 할머니의 모습이 마지막이 될 줄 몰랐는데, 그날 마당에서 저를 보내시던 할머니의 목소리가 너무 생생해요. 저를 미워하실 줄 알았는데, 괘씸해하실 줄 알았는데, 그 팔을 있는 힘껏 흔드시며 이렇게 소리치셨죠. "우리 손자 최고다! 우리 손자 파이팅! 우리 손자 영원히 사랑한다!" 그 마지막 할머니의 목소리가 지금도 눈물이 날 정도로 생생히 생각나요.

내 신앙에 이제 힘도 없고 답도 없는 것 같은 때가 와요. 내가 내 영혼을 봐도 병든 환자 같고, 실망스럽고, 왜 이렇게 교만한가 싶어요. 내가 이것밖에 안 되는가, 열심히 해보자 했는데 왜 이렇게 무너졌는가, 왜 이리 나는 혼란스러운가, 질문을 던져 보지만 이미 힘을 잃은 내 영혼은 하나님 앞에 당당하질 못해요. 잘못된 소리들과 해서는 안 될 생각들이 내 영혼을 막 집어삼킵니다. 내 영혼을 이간질시켜요.

한 괘씸했던 제자가 있었죠. 바로 가룟 유다였습니다. 이기적이었고 가식적이었으며, 예수님이 아니라 예수님의 능력이 필요했던 자. 예수님이 아니라 예수님의 챔피언벨트가 필요했던 자. 그는 "은 30을 줄 테니 예수를 넘겨라"라는 유혹에 넘어갔던 것이 아니었습니다. 자신이 먼저, "내가 예수를 팔면 얼마를 주겠는가!"라고 외쳤던 자입니다.

사랑하는 아들이 배신하는 그 가슴 찢어지는 소리를 예수님이 못 들으셨을 리가 없어요. 그러나 유다는 예수님 앞에 나타나 정말 아무렇지 않게 입을 맞추며 인사합니다. 그 유다에게 예수님께서 뭐라고 하셨는지 아세요?

"**친구여.**" 마 26:50

이것이 자신의 자녀를 향한 예수님의 마지막까지의 기다림이었고 사랑이었어요.

'친구여, 그저 너와 함께 있는 것이 좋았다.
그저 내 안에 있는 너를 바라보는 것으로 충분했다.
친구여, 천천히라도 좋다.
네가 내게 다시 왔으면 좋겠다.
친구여, 속지 말거라.
네가 강할 때든, 약할 때든 내가 널 사랑한다.'

다시 돌아갈 힘이 없어요? 없으면 어때요.

내가 힘이 있을 땐 내가 주님께 나아가지만
내가 힘이 없을 땐 주님이 내게로 걸어와 주십니다.

그러니까 도망가지 마세요. 당신의 아빠잖아요.

친구여,

그저 이렇게 나에게 오는
네가 좋았다

# 다시 돌아가도

'난 대체 뭘 했을까?' '잘해 보려고 했는데 이게 내 한계일까?' 아니, 이런 생각들보다 더 나를 괴롭게 하는 것은 '하나님과 멀어졌던 그 한 해가 오히려 내게 더 편하지 않았나'라는 생각까지 하나님 앞에서 해버렸다는 것이 아닐까요? 예수님은 이런 나를 살리기 위해 이 더러운 어둠 속으로 달려오셨는데, 나는 그 사랑에 합당하지 않은, 이런 날 위해 오셨다는 것이 이해가 되지 않을 모습만 보여 드린 것은 아닌지….

다른 부모님은 어떨지 잘 모르겠는데 제가 봤을 때 저희 엄마 아빠는 정말 서로 너무 안 맞아요. '대체 어떻게 결혼하신 거지? 왜 같이 사시지? 이 정도면 후회가 되지 않으실까?' 싶었던 적이 진짜 한두 번이 아니에요.

어느 날 부모님과 같이 식사를 하러 가는 차 안에서 한번 여쳐 봤어요. "엄마는 다시 돌아간다 해도 아빠랑 결혼할 거야?" 그때 어머니는 "난 다시 돌아간다 해도, 다시 기회가 있다 해도 네 아빠야"라고 말씀하셨지요. 제가 그랬어요. "엄마 미쳤구나? 왜 이 짓을 또? 누가 봐도 서로 안 맞는데 왜?" 그때 엄마가 그러시더라고요.

"거기에 네가 있잖아.
엄마는 다시 돌아간다 해도 널 만날 거야.
억울한 날이 있었어도, 어떤 힘든 시간들이 있었어도,
단 한순간도 후회한 적 없어.
네가 거기 있었거든."

어릴 적에는 성탄절이 도무지 이해가 안 되었어요. 나 같은 사람을 위해 예수님이 오셨다는 것이 미친 짓 같아 보였거든요. 그런데 이제는 이렇게 말씀하시는 날인 것 같아요.

"아니, 다시 그때로 돌아간다 해도 나는 너다.
또 죽어야 한다 해도 결국 너다.
단 한순간도 널 위해 온 것을 후회한 적 없다.
네가 거기 울고 있었거든."

제 주위에는 BTS를 너무나 좋아하는 아이들이 많은데요. 한

번은 한 아이에게 이렇게 물어봤었어요. 아니, 놀렸었어요.

"너 그거 얼마 안 간다? 그 오빠들이 영원할 것 같아? 그 오빠들은 너 숨 쉬는지도 몰라~"

그런데 아이가 갑자기 소리를 질러요.

"난! 다시 태어나도! 우리 오빠들 위해 살 거예요! 나는 다시 살아도! 우리 오빠들 위해서 살 거예요!"

귀엽죠. 그런데 이게 이제 우리의 고백이 되어야 하지 않을까 싶었어요.

"주님, 나는 참 많이 못났고
고개도 못 들 정도로 부끄럽지만,
아무리 고민하고 또 고민해도
내 자신이 너무 부끄럽고 한심하지만,
또다시 돌아간다 해도 결국 난 예수님입니다.
다시 내게 와 주셔서 감사합니다."

단 한순간도
**후회한 적 없어**

거기 **네가** 있었거든

## 아사셀의 염소

사춘기 시절, 나의 잘못들이 아버지께 다 걸렸던 적이 있었어요. 아버지는 당연히 아들을 바로잡아 줘야겠다 생각하시고 제 방으로 어머니까지 진지하게 부르시고는 제 모든 잘못들을 낱낱이 들추어내셨어요.

너무 무서웠어요. 사실 엄청난 잘못들을 저지른 것이 아니었음에도 불구하고 나를 믿어 주셨던 부모님께 거짓말을 했다는 것에 죄송했고 눈물이 났어요. 진짜 온몸이 떨렸고 고개도 들 수 없었어요.

그런데 평소 저의 잘못된 행동에 무섭도록 엄격하셨던 어머니께서 불안함에 떨고 있던 제 옆에 앉으시더니 제가 아니라 아버지를 향하여 이렇게 말씀하시는 겁니다.

"당신 더 이상 아무 말도 하지 마.
나 진짜 가만 안 있어.
내가 이미 다 알아.
그리고 내가 다 알고도 아들을 믿어.
내가 다 알고 있는 것들로 더 이상 아무 말도 하지 마."

그리고 저를 향해 돌아보시며 그러셨어요.

"괜찮아. 왜 울어.
누가 그래, 엄마 아빠가 실망했을 거라고.
다 알아. 이미 다 알아.
괜찮아, 누구도 널 뭐라 하지 않아.
아들,. 이길 수 있어."

어머니가 두려움에 울며 떨고 있던 저를 막아 주셨던 거예요.

레위기에는 먼 훗날 우리를 위해 피 흘려 죽으시는 어린 양 예수님을 예표하는 흠 없고 깨끗한 '두 염소'가 등장합니다. 하나는 여호와를 위한 염소, 또 하나는 '아사셀의 염소'였습니다. 한 마리는 예수께서 십자가에서 피 흘리심으로 우리 죄를 속해 주셨던 것처럼 지성소에서 그 피로 백성들의 죄를 씻었던 염소였습니다. 그런데 아사셀의 염소는 대제사장이 그

머리에 안수하여 백성들의 죄를 다 옮긴 후 그 당시 사단의 영이 살고 있다 여겨졌던 광야로 보내졌습니다.

저는 어린 시절 이게 이해가 되지 않았어요. 아니, 그 피로 죄를 씻었던, 하나님께 드려졌던 염소가 있었으면 됐지! 왜 그 어두운 광야 속 사단에게 보내져야 하는 아사셀의 염소가 있어야 했는가! 왜 그 흠 없고 깨끗한 염소가 인간의 모든 죄를 뒤집어쓰고 사단에게 보내져야 했는가!

그런데 사실은, 아사셀의 염소는 사단에게 바쳐지기 위한 제물이 아니었어요. 막아 주셔야 했던 거예요. 연약한 당신을 사단의 그 치명적인 참소로부터.

속죄일, 우리의 모든 죄를 기억하는 사단이 우리에게 어떤 참소를 들고 옵니까? "하나님을 사랑한다 했던 당신의 아들이 어떤 죄를 저질렀는지 압니까? 그 딸이 속으로는 어떤 생각을 하고, 어떻게 연기하며 당신을 예배했는지 압니까? 나는 다 봤습니다. 나는 다 압니다. 얼마나 더러운지, 얼마나 추악한지, 얼마나 가식적인지, 내가 다 압니다!"

알잖아요. 그 참소가 나를 덮으면 죄책감에 갇혀서 하나님께 나아갈 수가 없어요. 내가 하나님의 자녀라는 것이 더는 믿겨지지 않아서 손과 발이 묶여 버려요. 그런데 그때, 뚜벅뚜벅 내 광야에 한 염소가 걸어 들어오는 겁니다. 아사셀의 염소, 우리 예수님이었어요.

"아니, 너는 못 간다.
더 이상 내 자녀에게 아무 말도 하지 마.
내가 진짜 가만있지 않아.
내가 이미 다 알아.
내가 이미 그 죄악을 다 내 온몸에 새겨 가지고 왔어.
다 알고도 사랑했고, 다 알고도 죽을 수 있었어.
내가 다 알고도 내 자녀를 믿어."

예수님이 십자가 위에서 자신의 온몸을 찢어가면서 우리의 죄악들을 그 몸에 이미 다 새겨 가셨어요. 그리고 우리의 나약함을 가지고 우리를 무너뜨리고 묶어 버리려는 권세들에게 그 몸을 보여 주시면서 이렇게 선포하셨던 거예요.

"이제 그 무엇도 내 자녀를 건드릴 수 없다.
내가 다 알아.
그 누구도 참소할 수 없어."

그리고 그 뒤에서 벌벌 떨고 있을 당신에게 이렇게 말씀하지 않으시겠어요?

"그러니까 괜찮아.
누가 그래. 내가 너에게 실망했을 거라고.
걱정하지 말거라.
내가 다 알고도 사랑한 거다.
너이기에…."

십자가, 그분이 출발하셨던 그 길은 그런 길이었습니다. 잊지 말아요. 당신이 없는 세상을 살 바에는 죽는 것을 택하셨을 만큼 당신을 사랑하기에 출발하셨던 길이었습니다. 오늘도 자신의 추악함과 흔들림에 방황하고 두려워하고 있는 당신을 향해 하나님이 이 마음으로 말씀하시지 않을까요.

"잊지 말거라, 너의 죄악보다, 너의 추악함보다, 너의 약함보다 내 십자가가 훨씬 더 강하단다."

너의 **죄악**보다
너의 **추악함**보다
너의 **약함**보다
내 **십자가**가 훨씬 더 **강하단다**

# 그 거짓말을 듣지 말거라

학창 시절 제가 존경하던 교수님에게는 6살짜리 딸아이가 있었습니다. 교수님이 퇴근하고 집으로 돌아와 청소를 하려고 청소기를 돌리기 시작하면, 저 방에서 놀고 있던 6살짜리 딸아이가 쪼르르 빗자루를 들고 달려와서 엄마한테 이런대요.

"엄마, 공주가 도와줄까요? 공주가 해줄까요?"

그런데 엄마는 사실 제발 안 도와줬으면 좋겠다는 거예요. 열심히 먼지를 모아 놓으면 쪼르르 와서 열심히는 쓰는데 오히려 힘들게 모아놨던 먼지를 다시 흩어 버리기만 한다는 거죠. 그냥 가만히 있어 주면 좋겠는데 너무 열심히 휘젓는다는 겁니다.

그런데 교수님께서 그런 딸의 모습을 지켜보는데 이런 생각이 들더래요.

'그래도 이렇게 엄마랑 함께해 줘서 행복하다.'

그래서 엄마는 나중에 다시 청소를 하더라도 꼭 공주에게 청소를 부탁한대요.

하나님이 우리를 사랑하기 시작하셨을 때는 당신의 완벽함이 필요하지 않으셨습니다. 주님은 그저 당신이 필요하셨던 겁니다. 그런데 그런 하나님 아버지의 마음도 모르고 아담과 하와는 사단에게 속아 선악과를 먹고 하나님으로부터 숨어 버렸죠. 드러나 버린 자신들의 부족함과 추악함으로 인해 열망도 사랑도 사라지고 하나님을 피하고 싶은 마음뿐이었어요.

그들은 사단이 주는 마음에 정확하게 넘어갑니다. 하나님의 자존심이 무너졌던 날 아니었겠어요? 이 정도 되면 이렇게 분노하셨어야 하는 것 아닌가요?

"야 이 한심한 놈아, 네 믿음이 이것밖에 되지 않느냐? 잘할 수 있다 하지 않았느냐! 내가 언제까지 널 용서해야 해! 언제까지 참아야 해! 어떻게 또 이렇게 쉽게 무너질 수 있단 말이야! 내가 언제까지 너를 믿어야 해!"

이럴 만하지 않으시겠어요? 그런데 하나님의 분노는 이와 달랐어요.

**"이르되 내가 동산에서 하나님의 소리를 듣고 내가 벗었으므로 두려워하여 숨었나이다 이르시되 누가 너의 벗었음을 네게 알렸느냐."** 창 3:10-11

하나님의 마음이 느껴지세요?

"도대체 누가 널 속였어?
누구의 짓이야? 누가 그랬어?
누가 그렇게 널 무너지게 했어?"

사단이 지금도 "하나님이 널 사랑하겠어? 네가 그러고도 크리스천이야?"라고 우리를 참소할 때, 하나님은 여전히 나를 바라보시며 "괜찮아…. 누구야? 누가 그랬어?"라고 말씀하십니다. 그리고 눈물 흘리는 당신의 어깨에 그 가죽옷을 입혀주시는 겁니다.

제가 몇 주 전에 메시지를 하나 받았어요. 신앙이 있던 한 자매가 중학생 때 교회 수련회 중에 아빠를 먼저 하늘로 떠나보내고 그 상실감과 세상의 거짓들로 인해 하나님을 원망하면서 교회를 떠나게 되었습니다. 그리고 이후 문신과 술과 약으로 자신을 왜곡하면서 살아왔다는 겁니다.

그런데 이 자매가 무좀이 있었는데 유튜브로 무좀 관련 영상을 찾다가 제가 했던 "저희 아버지는 무좀이 있습니다"라는 설교를 보게 되었다고 합니다. 이 영상이 관련 추천 영상으로 떠서 '아 무슨 아버지 무좀 치료 사례 영상이구나' 하고 봤던 거예요. 그런데 그게 10년 만에 듣게 되는 설교였다는 겁니다. 5분의 설교 영상이 끝나고 그 자매의 빈방에서 이런 음성이 들리더래요.

"난 너에게 그렇게 말한 적 없다.
그 모든 순간 내가 너와 함께 있었다."

그러니, 당신을 하나님으로부터 숨게 만드는 그 거짓말을 예수의 이름으로 거절하십시오. 하나님이 이렇게 말씀하지 않으시겠어요?

"그 거짓말을 듣지 말거라.
내가 사실을 말해 줄게.
내가 너를 사랑한다."

그 거짓말을 듣지 말거라
내가 사실을 말해 줄게

내가 너를 사랑한다

# 흉터

"당신은 내가 얼마나 교회를 사랑했는지 몰라. 내가 교회를 떠나던 날 하나님은 내게 없었어. 그에게 나는 애초에 없었던 거고, 내게도 이제 그는 없어. 그러니 제발, 이제 그만 나를 내버려둬."

하나님을 원망하며 떠나던 그 영혼의 눈물이 지금도 생생해요. 그리고 이제는 뼈저리게 알겠어요. 그날 그 영혼의 소리는 절대 주님을 버리는 소리가 아니었어요.

나 좀 살려 달라는
소리였어요.

한 제자가 생각나더라고요. "우리도 주와 함께 죽으러 가자!" 예수님과 함께라면 후진이란 없었던 제자, 디두모 도마의 외침입니다. 그에게 예수님은 죽음을 각오하고 사랑할 수 있는 전부였어요. 그러나 그의 세상이자 희망이자 전부였던 예수님이 너무도 무력하게 십자가에 달려 사라지는 것을 마주합니다. 그날 그의 믿음이 처참하게 무너져 버려요.

예수님은 결국 약속대로 다시 부활하셨어요. 그리고 제자들이 모여 있던 곳으로 돌아오셨어요. 그런데, 그 자리에 도마가 없습니다. 예수님을 위해서라면 목숨도 아깝지 않았던 그가, 제자의 자리에 있어야 하는 그가, 사라져 버렸어요.

그가 숨어 버렸어요.
지울 수 없는 실망과 의심에 갇혀
어디론가 사라지고 없어요.

그의 마음이 무너졌었던 겁니다. 믿어왔던 예수님의 비참한 죽음을 보며 그의 신앙이 처참하게 부서졌어요. 전부를 걸고 사랑했으나, 목숨을 바쳐 믿고 따랐으나, 눈앞에서 너무나 쉽게 사라져 버린 예수님을 보며, 이젠 나도 어떻게 해야 할지 모르겠고, 이 실망과 상처를 어떻게 회복해야 하는지도 모르겠어서 완전히 예수를 자신의 마음에서 떨쳐 버리려 했던 도마의 분노를 보셨습니까?

"그 구멍에 내 손을 넣게 되기 전까지,
두 번 다신 내게 예수란 없다.
그 옆구리에 내 손이 들어가기 전까지
내가 그를 다시 믿을 리 없다.
너희는 내가 그를 얼마나 사랑했는지 모른다."

그러나 우린 알 수 있을 것 같지 않아요? 그는 정말 예수님을 버리려는 게 아니었을 거예요. 홀로 자신만 아는 어두운 방 안에 숨어, 무릎을 안고 울면서 이 감당할 수 없는 현실과 상황 앞에 얼마나 아파하고 있었을까.

"이젠 예수를 체념해야 하는데 체념이 안 돼. 이제 그 사랑을 잊어야 하는데 도무지 그 사랑이 잊히지 않아! 이제 그분을 지우고 싶은데, 그분이 내 안에서 지워지지 않아! 어떡하면 좋지? 내가 사랑했던 예수는 죽었고, 내 믿음은 가짜였고, 두 번 다시 이 실망과 아픔을 겪기 싫은데도 도무지 내 마음에서 예수가 지워지지가 않아!"

그의 외침은 예수를 버리는 외침이 아니었어요. 이렇게 말하고 싶었던 거예요.

'예수님, 저 좀 살려 주세요.'

8일 후 예수님이 제자들이 모인 곳에 다시 찾아오십니다. 그리고 예수님은 도마를 찾으세요.

"여드레를 지나서 제자들이 다시 집 안에 있을 때에 도마도 함께 있고 문들이 닫혔는데 예수께서 오사 가운데 서서 이르시되 너희에게 평강이 있을지어다 하시고 도마에게 이르시되 네 손가락을 이리 내밀어 내 손을 보고 네 손을 내밀어 내 옆구리에 넣어 보라 그리하여 믿음 없는 자가 되지 말고 믿는 자가 되라." 요 20:26-27

도마가 그 자리에 다시 왔어요. 그리고 예수님이 그에게 다가가 보여 주시는 것이 있어요.

바로,
그 수치와 치욕의 상처,
자기가 만든 인간들에게 갈기갈기 찢긴 그 배신의 '흉터'.
부활하시며 모든 것을 회복하시는 순간에도
마지막까지 필사적으로 지켜내며 가지고 오신
그 상처와 구멍이었어요.

왜 그 치욕스러운 흉터를 가장 영광스럽게 부활하시는 순간까지 지키고 오셨는가?

어릴 적에 어머니 배의 깊은 흉터 자국을 보면서 어떻게 생긴 상처인지 물어봤던 기억이 나요. 제가 태어나던 날, 가난했던 저희 부모님이 선택했던 병원은 미리 예약을 하지 않으면 마취사도 준비되지 않았던 곳이었대요. 이미 머리가 반쯤 나와서 마취가 필요 없을 거라 생각했는데 시간이 지나도 아이는 나오지 않았어요. 아이가 탯줄에 감겨 버렸다는 것을 깨달으신 어머니는 의사의 멱살을 잡고 울며 소리치셨답니다.

"당장 배 잘라! 내 배 자르라고 이 자식아! 내 아들 죽는다고!"

그 이야기를 듣고 어린 저는 엄마에게 물었어요.
"어떻게 그랬어, 엄마? 죽는 게 무섭지 않았어? 이렇게 무서운 상처가 남는데?"

그때 어머니가 어린 저에게 그러시더라고요.
"상처고 죽음이고 너 살릴 생각밖에 없었어."

아, 예수님이 그러셨던 거구나.

"도마에게 이르시되 네 손가락을 내밀어 내 손을 보고 네 손을 내밀어 내 옆구리에 넣어 보라."

저 예수님의 말, 누가 했던 말입니까? 도마가 의심 속에서 눈물로 소리친 말이었어요.

"그 상처에 내 손이 들어가기 전까지 내가 다시 예수를 믿을 리 없다."

예수님이 듣고 계셨어요.

무너짐 속에 홀로 갇혀 울고 있던 그 자리를 다 보고 계셨어요. 그래서 모든 것을 다 치료하시고 부활하신 순간에도 필사적으로 그 치욕의 상처를 지키고 돌아오신 거예요. 그 구멍만큼은 어떻게 해서든 가지고 오신 예수님이 이제 눈앞에 와 계세요. 그리고 그 구멍 난 손으로 도마의 손을 잡으며 말씀하세요.

"도마야, 살려 달라던 네 소리를 들었다.
네가 구해 달라 했잖아.
이리 오너라.
상처고 수치고 널 살릴 생각밖에 없었어."

의심하고 있는 당신이라면, 흔들리고 있는 당신이라면, 그 작은 숨이라도 괜찮아요. 살려 달라고, 이 의심 속에서도 나는 주님이 필요하다고 그 눈물 그대로 기도하는 거예요. 그러면 자신의 흉터를 기꺼이 들고 가셨던 당신의 예수님이 말씀하실 겁니다.

"단 한 날도, 단 하나의 한숨도
나 너의 소리를 놓친 적 없다.
이제 그 늪에서 나오거라."

디두모 도마, 그의 '상처'는 그날 그 사랑의 흉터 앞에 '사명'이 됩니다. 마지막 호흡까지 그는 인도에서 선교를 하다 몸에 창이 찔려 순교를 해요. 그가 죽음 앞에서 남겼던 마지막 고백입니다.

"나는 당신을 예배하나이다."

상처고 죽음이고 널 살릴 생각밖에 없었어

# Chapter 5

## 한 영혼을 위한 설교 – 원 소울 스튜디오

> "아빠, 제가 봐온 등이 바로
> 그런 등이었습니다"

# 아들 전도사가 아빠 목사님께

제가 오늘 아버지 한 사람을 위해 말씀을 전하려고 합니다. 아빠, 아들은 보이지 않는 하나님의 모습을 내 아버지의 등을 보며 배운대요. 그래서 전 어릴 적부터 아들 솔로몬이 바라본, 하나님 마음에 합했던 아버지 다윗의 등은 과연 어땠을까 늘 궁금했었어요.

늘 든든했던 '아빠 다윗'의 듬직한 등이 다른 아들 압살롬의 반란으로 인해 처절하게 무너져요! 화려했던 아빠는 모든 것이 무너지고, 처량하게 목숨을 걸고 도망쳐요.

그런데 그때! 대제사장이 세상에, 언약궤를 가지고 다윗을 쫓아옵니다. 언약궤가 뭐예요? 하나님 나라의 정통성이었고, 하나님이 여전히 함께하심을 의미했어요. 아빠에게 엄청난 기회가 찾아온 거였죠. 잃은 명예를 회복할 기회가 굴러왔어요! 당시 그가 들었던 소리들은 죄다 "결국 하나님도 다윗을 버렸다. 이제 하나님도 그를 구원하지 않는다"였어요. 그럼 적어도, 최소한! 어떻게 해서든 이 언약궤라도 꽉 붙잡고 있어야 하는 것이 상식 아니에요? 보여 줘야죠! "아냐! 잘 봐! 난 아직 건재해! 버려지지 않았어!"라고.

그런데 와! 다윗이 그 언약궤를 돌려보내요. 그에겐 절대로 바뀔 수 없던 신앙 하나가 있었던 겁니다. '왜! 내 위험 때문에 하나님이 움직여지는가! 하나님이 기뻐하신다면 그가 나를 움직여 주시겠지! 어떻게 하나님의 언약궤가 나 때문에 하나님의 전을 떠나는가! 내가 죽더라도 내 왕국을 지키기 위해 하나님을 이용해서는 안 돼.'

그래서 아빠 다윗의 등이 남겨 준 신앙은 이런 것이 아닐까 생각해 봤어요.

"아들, 진짜 하나님의 사람은 절대 하나님을 이용하지 않아.
내가 망가질망정 내가 포기할망정
우리 주님의 이름만큼은 안 돼.
왜? 하나님을 사랑한다는 것이 그런 거니까.
내가 사랑하는 분의 이름이 다치질 않기를 원하니까.
그게 사랑이니까."

이것이 아들 솔로몬이 봤던 멋진 아버지의 등은 아니었을까⋯.

그리고 아빠, 제가 봐온 등이 바로 그런 등이었습니다. 아버지의 등은 늘 세련되지 않았고, 어쩌면 촌스러웠어요. 어린 아들의 눈엔 늘 실수투성이였고, 순수한 바보 목사님이었죠. 그러나 제 모든 시간 속, 아들이 기억하는 아버지의 등은 늘 십자가 앞에서 무릎을 꿇고 울고 있던 등이었습니다.

아버지, 저희가 집 없이 교회에서 살던 그때부터 쭉 제가 봐온 그 등은 늘 작은 예배당, 아무도 없는 강대상 위에서 하나님 앞에 정직하고 싶어 씨름했던, 절대 하나님을 내 이익을 위해 이용하지 않았던, 명예란 요만큼도 모르고 그저 맡겨진 오늘의 삶과 교회만을 사랑했던, 그런 등이었습니다. 세상 어떤 등보다 세련되지 못하고 촌스러웠던 아빠 등이었지만, 아들이 세상 어떤 등보다 가장 닮고 싶은 등이었습니다.

언제 엄마 아빠랑 다 같이 차를 타고 가면서 엄마가 "나는 다시 돌아가도 우리 아들 보려고 아빠랑 만날 거야"라고 했을 때 아빠가 장난으로 한 말이 있죠. "나는 다시 옛날로 돌아가면 별로 얘 안 보고 싶은데~ 난 딸 보고 싶은데." 아빠, 가끔은 철없이 구는 부족한 아들이지만, 다시 돌아간다 해도 이렇게 아빠 아들로 살게 해주세요.

먼 훗날 천국에서 하나님을 만나게 되면 달려가 꼭 고백할 거예요.

"하나님, 찰나와 같이 짧았던 저의 삶에,
제 아빠로 김순석 목사님을 보내 주셔서…
정말 행복했습니다."

아빠, 그런 등을 볼 수 있게 해주셔서 감사했습니다.

하나님을 **사랑**한다는 것이 그런 거니까

내가 사랑하는 분의 **이름**이
**다치질 않기를** 원하니까

그게 사랑이니까

## 꿈을 좇다 지친 당신에게

그런 때가 있더라고요. 분명 자신이 있었는데, 잘하고 싶었는데, 내 꿈이 완전히 현실에 막혀 버리고, 안개 속에서 길을 잃은 듯 막막해지고, 결국 두려움에 무너져 버리는 그런 때가요.

성경에는 '일곱 번'이나 실패한 의인이 나오더라고요. 아니, 한두 번은 실패할 수 있겠죠. 그런데 같은 길에 일곱 번이나 실패했다면, 솔직히 그냥 '이 길은 내 길이 아니구나!'라고 생각하지 않을까요? '아 하나님도 이 길을 원하시지 않는구나!', '하나님이 나와 함께하시지 않는구나!' 하고 막막한 꿈 앞에 절망하며 무너지는 것이 맞지 않아요?

그런데 이 사람은 여덟 번을 다시 도전해 일어났어요. 저는 이게 도무지 이해가 되지 않았어요. 포기를 모르는 성격이었나? 태생이 긍정적이었나? 가진 게 많았나? 그런데 사실, 여기서 일곱 번 넘어지고 다시 일어난 이 사람은 중요치 않더라고요.

진짜 중요한 것은,
일곱 번이나 넘어진 바보 같은 나를 위해
또 바보같이 달려오셔서
나의 꿈을 향해 여덟 번 다시 손을 내밀어 주셨던
하나님 아버지더라고요.

이런 말씀이 있어요.

**"이 하나님은 영원히 우리 하나님이시니 그가 우리를 죽을 때까지 인도하시리로다."** 시 48:14

아, 일곱 번 넘어진 그에게 다시 달려가셨을 아버지는 이러셨겠구나 싶었어요.

"얘야, 괜찮아.
절대 너를 두고 나 실수하지 않는다."

살다 보면 나만 무능해 보이고, 나만 느린 것 같은 그때가 반드시 올 텐데 꼭 이 말을 해주고 싶었어요.

"당신의 속도를 사랑해 주세요."

모두 승승장구 잘나가는 것 같아 보이고, 나만 멈춰 있고, 나만 무능해 보이고, 나만 뒤처진 것 같은 때가 있었어요. 그때 울면서 교수님을 찾아갔었는데, 교수님이 저에게 그러시더라고요.

"브레이크 없는 기차를 믿고 탈 사람은 세상에 없어. 하나님이 너라는 기차를 잠시 멈추게 하실 때, 반드시 거기에 네가 보고 와야 하는 꽃이 피어 있는 거야. 너의 속도를 마음껏 사랑해 주렴."

버스 안에서 책을 읽다 발견한 문장이에요.

"부러진 가지는 반드시 방향을 가리킨다."

살다 보면 나란 나무가, 또 내 꿈이 완전히 똑 하고 부러지는 것 같은 눈물 나는 때도 반드시 오게 될 텐데, 사실은 내가 보지 못했던 하나님의 방향이 열리게 되는 거예요. 그러니, 하나님 앞에서 절대 쓸모없는 시간이란 없는 겁니다.

조금 느려도 괜찮아요. 여전히 모르겠고 막막해도 괜찮아요. 죽는 날까지 '우리'라는 기차의 기장이 되실 하나님 아빠가 그 발걸음을 인도하시고, 그 길을 발견하게 해주실 겁니다. 그러니 명심하세요.

하나님이 끝났다고 하시기 전까진,
절대 끝난 것은 없습니다.

사실 어떤 말이 불안한 꿈에 힘이 되겠어요. 그래도 제가 정말 사랑하는 글귀를 드리며 마무리하고 싶어요.

Relax, God's timing is perfect.
안심하라, 하나님의 타이밍은 완벽하다.

Relax,
God's timing is perfect

안심하라,
하나님의 타이밍은 완벽하다

## 여덟 살 진아에게, 생애 첫 복음

진아는 혹시 아팠던 적이 있어? 진아가 가장 심하게 아팠던 적이 언제야? 그때 아픈 진아를 보고 있던 엄마는 어땠을 것 같아?

전도사님이 어렸을 때, 정말 심한 독감에 걸린 적이 있었어. 침을 삼킬 때마다 목에 피가 나듯 아파서 물도 못 마시고 밥도 못 먹고, 몸에 열은 말도 안 되게 올라가서 3일 동안이나 아파서 누워 있었어. 아직도 그때 아팠던 것이 생각날 정도로 죽을 만큼 너무 아팠었어.

그렇게 아파 누워 있는 3일 동안 전도사님 옆에는 항상 엄마가 있었어. 밤마다 아파서 울다가 눈을 감으면, 그때마다 엄마가 누워 있는 전도사님 옆에 와서 계속하셨던 것이 있었어! 그게 뭘까?

뽀뽀였어. 뽀뽀.

전도사님 볼에, 입술에 밤새 뽀뽀를 하시는 거야. 왜 그러셨을 것 같아? 전도사님의 독감을 그렇게라도 가져가고 싶으셨던 거야.

그때 엄마가 이러셨어.
"아가, 제발 엄마한테 옮겨. 얼른 엄마한테 아픈 거 다 옮겨. 우리 아들 얼른 나아야지. 엄마가 가져갈게. 우리 아들 아픈 거 엄마가 다 가져갈게. 아가, 제발 아프지 마."

그렇게 전도사님은 거짓말처럼 나았고, 엄마는 전도사님의 독감을 가져가서 전도사님 때문에 아파서 누우셨어.

진아야, 만약 진아의 엄마가 진아가 아플 때 너를 살리기 위해서 대신 아파서 병원으로 실려가신다면 진아는 어떨 것 같아? 진아의 엄마는 진아를 살릴 수 있어서 아파도 분명 행복하셨을 거야.

그리고 진아야, 오늘 들은 이야기가 바로 예수님이 진아를 살리기 위해 진아를 사랑하신 방법이야. 진아야, 몸이 독감에 걸리는 것처럼 우리 영혼은 원래 죽을병에 걸려 있었어. 그 누구도 아파서 병들어 버린 우리의 영혼을 치료할 수 없었대. 그때 우리 예수님이 아파 쓰러져 있는 진아 곁에서 뽀뽀해 주신 거야.

"진아야, 예수님이 다 가져가 줄게.
내가 대신 아플게. 너는 아프지 마."

진아를 살릴 수만 있다면, 진아를 회복시킬 수만 있다면, 예수님은 그 십자가에서 대신 죽을 수 있으셨던 거야. 진아를 살리기 위해서 예수님이 그 십자가로 주저 없이 올라가셨던 거야. 그리고 마치 엄마가 나 대신 아팠다가 다시 일어난 것처럼, 예수님이 진아를 다시 안아 주기 위해서, 혼자 울고 있을 너를 다시 찾아 주기 위해서, 그 죽음에서 다시 일어나셨어. 그리고 다시 진아를 지키기 위해 돌아오셨어.

이게, 우리가 사랑하는 '복음'이야.

그러니까 진아가 너무 아플 때, 너무 힘들 때, 너무 눈물이 날 때는 꼭 "예수님~" 하고 불러 봐. 그러면 예수님이 꼭 널 안아 주실 거야. 네가 없는 세상은 상상할 수도 없으셨던 그 예수님이니까.

네가 **없는** 세상은
상상할 수도 **없으셨던**
그 예수님이니까

## 응급실 간호사님에게

간호사님, 우리의 신앙이 때론 이런 고민을 하지 않습니까? 내가 이렇게 힘들고 부족한데 이런 나를 통해 하나님을 보는 사람들이 있을까, 나의 삶을 통해 과연 예수님의 향기가 잘 드러나는 것일까, 내가 과연 잘하고 있는 것일까, 그런 고민이요.

예수님의 제자 중에 성경조차 잘 기억하지 않았던 한 제자가 있더라고요. '작은' 야고보라는 제자였어요. 이름 앞에 '작은'이라는 말이 붙여져 소개된 것이 다일 정도로, 제자라고 하기에 그의 섬김과 신앙은 늘 작고 부족해 보였어요.

그런데, 사실 그는 '무명'해 보이나
'유일'했던 자였습니다.

그 당시 역사가 '유세푸스'는 그에 대해 이렇게 남겼더라고요.

"그때 예수의 제자 중에서 사실 가장 예수를 닮은 제자는 작은 야고보였다."
"제자들이 서로 떠들고 싸울 때에도 야고보는 구석에 가서 항상 기도했다. 그의 무릎은 늘 굽어져 있었고 그래서 그는 낙타 무릎이라 불렸다."

아, 작은 야고보는 절대 작은 자가 아니더라고요. 사람들도, 심지어 성경마저도 자신을 기억하지 않을 때 오로지 하나님의 가슴에 기억될 그 시간을 바라보면서 작든지 부족하든지, 나는 상관없이 예수님만 드러나길 바라며 묵묵히 자신의 자리를 지켜낸 종이더라고요.

무명해 보이나 작아 보이나, 예수님에게 없어서는 안 됐던 유일했던 사람. 저는요, 간호사님을 생각하며 일주일 동안 말씀을 준비할 때 이 작은 야고보가 떠올랐어요. 어쩌면 간호사님은 늘 반복되는 치열한 현장 속에서 하나님의 딸로 살아가면서 때론 벅차 쓰러지고, 너무 하나님을 사랑해서 더 잘해내고 싶은데 늘 작고 부족한 것 같아서 하나님께 죄송할 때도 있었을지 모르겠어요.

그러나 눈물 흘리며 묵묵히 감당했던 그 한 걸음 한 걸음을 하나님은 기억하셨을 겁니다. 분명 하나님께 간호사님은 유일하셨을 겁니다. 피투성이가 되더라도 예수님의 마음으로 그 치열한 현장을 섬겼던 간호사님을 하나님이 이렇게 위로하지 않으실까 싶었어요.

"딸, 절대 부족하지 않았어.
넌 늘 내게 최고였다.
한순간도 빠짐없이 그저 너로 인해 늘 충분했다."

빌리 그레이엄 목사님이 하나님 품에 안기던 날 전 세계의 그리스도인들이 그를 추모하는 글을 SNS에 올렸었어요. 그때 우연히 어떤 그림을 보았는데, 하늘나라에서 예수님이 빌리 그레이엄 목사님을 꼭 안아 주시는 모습이었어요. 그 모습이 너무 행복해 보여서 눈물이 나더라고요.

우리는 이렇게 각자의 자리에서 부끄럽지 않게 살다가 분명 너무 보고 싶었던 우리 아버지 앞에 서게 되겠지요. 그때 저는 꼭 이렇게 말할 것 같아요.

"하나님, 저 진짜 많이 부족했고, 많이 실수하며 넘어지기도 했지만, 저 정말 열심히 하다 왔어요. 힘들었는데 저 진짜 열심히 했어요, 아버지…."

그럼 우리 주님이 그 품에 우리를 꼭 안고 자랑스럽게 바라보시며 이렇게 말씀해 주시지 않을까요?

"내가 다 보았다.
많이 사랑했다.
변치 않고 널 지켜봤다.
잘했다. 너무 고생했다.
그리고 정말 고마웠다."

그리고 저도 같은 마음으로 감사를 드리고 싶어요. 지난 한 해 동안 저희는 간호사님을 통해 예수님의 마음을 봤습니다. 덕분에 저희가 더 안전하게 살아가고 있습니다. 누구보다 지금 이 순간, 가장 예수님을 닮은 향기로 살아 주셔서 진심으로 감사합니다. 이 하나님의 고백을 끝으로 말씀을 마무리하고 싶었습니다.

**"너는 나에게 잊혀지지 아니하리라."** 사 44:21

절대 그 섬김과 눈물은 잊히지 않을 겁니다.

절대 부족하지 않았어
넌 늘 내게 **최고였다**

한순간도 빠짐없이
그저 너로 인해 늘 충분했다

Epilogue

## **"이 위로의 주인공이 바로 너라고"**

"전도사님은 몰라요, 진짜 절벽 끝에 있는 사람은 어떤 멋진 말도 어떤 근사한 노래도 들리지 않아요. 다 나를 비웃는 화려함으로 보일 뿐이에요."

아무리 어떤 방법으로 하나님의 마음을 외쳐 보아도, 그 위로는 절대 자신의 것이 아니라는 거예요. 그렇게 오랜 시간 아무런 위로조차 해줄 수 없었던, 무너져 울고 있던 한 영혼이 있었습니다.

그런데, 긴 침묵의 시간을 깨고 그 영혼이 모든 것을 회복하고는 기쁨의 눈물을 흘리며 연락을 해왔어요.

"전도사님, 저 살았어요."

'이게 무슨 일인가? 대체 어떻게?'

사실, 마지막 그 영혼과 대화하고 돌아온 날, 제 차 뒷자석에 돌아다니던 설교 원고들을 그분이 챙겨 갔어요. 시간이 흐르고 그가 어김없이 울고 있던 새벽 어느 날, 침대 옆에 꽂아 두었던 그 종이가 보였다는 겁니다.

그리고 그 종이 속 한 마디 한 마디가 자신을 향해 말을 걸어오는데, 어떤 은혜로운 대화도, 어떤 화려한 노래도 거부할 수밖에 없었던 절망에 가득찬 그의 마음의 문을 이 한 문장이 열었다고 합니다.

"안심하라, 하나님의 타이밍은 완벽하다."

그 말을 듣는데 이런 생각이 들더라고요.

'아, 이렇게 마지막까지 흘러가 줄 수 있는
한 문장을 남기고 싶다.'

그래요, 우리는 모두 어떤 것도 보기 싫고 듣기 싫은 그런 절망의 때를 분명 지나가요. 제발, 하나님마저 날 보시지 않았으면 하는 그 눈물의 때요.

그러나 그런 때에도 내 곁에 끝까지 있을 수 있는 것은 내 침대 옆 방 한구석, 언제 샀는지 언제 받았는지도 모를 책 한 권, 그 종이 위에 있는 글 한 문장이 아닐까요. 그렇게 마지막까지 한 영혼 곁에 있어 줄 수 있는, 언제라도 붙잡고 하나님의 마음을 발견할 수 있는, 그 한 문장을 쓰고 싶었습니다.

그리고 또 하나 제가 바랐던 것은, 바로 이 책이 바라보는 '한 영혼'인 이 책의 주인공들과 이 페이지의 끝을 완성하고 싶다는 것이었습니다. 이 책 속 하나님의 마음이 향하고 있는, 무명하나 하나님에게 유일한 주인공들인 우리 한 명 한 명이 이 책의 증인이자 추천인이 되어 주었으면 좋겠다 싶었습니다.

같은 눈물을 흘렸고, 같은 광야를 걸었던 우리의 고백과 공감이, 절벽 끝 절망 속에서 한 줄기 하나님의 위로를 기다리고 있는 한 영혼의 마음을 열어 주는 가장 강력한 열쇠가 될 수 있겠구나 싶었어요. 그래서 이렇게 뒷페이지에 당신과 함께 가는 하나님 안에서 한 가족 된 우리의 마음을 '함께' 담아 보았습니다.

그리고 지금 이 책의 마지막 페이지까지 달려온 당신에게 말해 주고 싶어요.

"그래, 이 위로의 주인공이 바로 너라고."

## "당신을 위해 이 책을 추천합니다"

kohey789 / 명성교회 주님으로부터 도망치려 두 눈마저 감습니다. 다시 주님이 보고파 눈을 뜨면 항상 나를 비추시는 주님의 빛을 봅니다. **Florence / NLCC** 공감하기 쉬운 이야기로 하나님 아빠, 아버지의 따뜻한 마음이 전달되는 느낌이에요. **jedidiahsunny.G / 대한예수교장로회 원주제일교회** 글은 짧지만 메시지는 강하다! 짧은 글 긴 여운이라는 평이 어울릴 만큼 머리와 가슴에 남는 이 여운은 나에게 향한 말씀이고, 너에게 향한 메시지로 우리 모두에게 향한 이야기이다. **강민아 / 대동교회** 그분의 사랑은 살아있어서 오늘도 내 맘을 녹이셨다. 먼지 한 톨의 믿음을 가진 나에게 회복과 위로를 준 책! **강한송이 / 샘터교회** 나를 향한 주님의 사랑을 느낄 수 있어요. 내게 부족한 열정, 감격, 사랑에 다시금 도전하게 만들어요. **8253 / 금곡성문교회** 삶의 순간마다 새겨진 깊은 묵상 그리고 짧은 문장에 풀어진 은혜가 마음을 울리고, 굳어진 머리를 깨트려 스스로를 돌아보게 합니다. 흔들리는 청년들에게 적극 추천합니다. **케와제이 / 꿈꾸는교회 대학청년부** 힘들게 용서하는 과정을 겪고 있는 제가, 주님을 향해 언덕을 오르고 있음을 깨달았습니다. **깡유 / MVP선교회** 하루에도 수십 번 포기하고 싶고 도저히 주님이 느껴지지 않으시나요? 바로 그때 주님은 우리에게 속삭이십니다. "네가 없는 천국보다 차라리 죽는 게 나을 만큼 너를 사랑했다." **ninimom / 라이트하우스해운대** 누가 cctv로 절 지켜본 줄 알았어요. 그냥 딱 저의 마음과 저의 모습인데 이러다 바닥을 기어 다니겠다 하는 찰나에 하나님이 제 귀에 대로 말씀하시는 거 같았어요. 이런 저이지만 이렇게 제멋대로 사는 저이지만 "넌 사랑이야"라고요…. 그걸로 충분히 회복되었어요! **지은 / 문당교회** "너의 버텨온 눈물들에 이미 내가 함께 있었어." 단 한순간도 나를 포기하지 않으시고 함께해 주시는 하나님의 따뜻한 온기를 책에서 느끼길 바라요. **리베린 / 구세군부산교회** 가장 실패했다고 생각했던 때에도 하나님은 완벽하시고 다 아신다는 것과 제게 와주신 예수님의 사랑을 다시금 느꼈던 것 같습니다. 이 책을 통해서 하나님의 사랑과 치유를 한 사람이라도 느꼈으면 좋겠습니다. **눌 / 정다운 우리집** 겟세마네 위에서의 나약한 나와 예수님이 함께하시는지 모를 때 읽어야 할 책. **리미 / 은광교회** 망망대해 속 등대같이 우리의 삶 속에 또 하나의 내비게이션 같은 책입니다. 완벽한 타이밍에 역사하시고 평안을 허락하시는 주님과 함께 광야 같은 삶 속에서 길 잃어버리지 않고 한 걸음씩 나아가는 우리의 매일에 이 책도 함께하길 소망합니다. **계성은 / 구미시민교회** 산산조각 나버린 나의 마음을 하나하나 소중히 담으시며 미소 지으시는 주님을 마주하게 되는 순간. 그런 책. **예경 / 고등학교 졸업** 절망적인 상황에서 하나님의 위로의 음성을 정확한 타이밍에 말하고 있습니다. 저 또한 광야를 걷고 있기에 조금만 읽었는데도 눈물이 나오네요. **Stella / 교회친구다모여** 사랑도 타이밍이 있듯이, 사랑 그 자체이신 하나님의 때도 타이밍이 있다. 그 간절한 타이밍을 위해 늘 기도의 끈을 놓지 않기를. **Ko Eunsol / 서울대학교** 삶의 모든 순간이 주님의 은혜와 사랑이었음을 깨닫게 해준 책. **은주 / 수영로교회** 두고두고 내 마음을 붙잡아 줄, 사랑으로 가득한 책. **고지원 / 순천제일대DSM** 오늘도 나는 하나님의 나라를 위하여 싸운다. '저의 이번 역은 겟세마네 언덕입니다.' **고하은 / Daily** 영혼이 메말라가는 것 같을 때 취하는 방법이 있다. 내 이름의 뜻을 기억하는 것이다. '하나님의 은혜', 이 책은 내 이름의 뜻대로 하나님의 은혜를 되새기게 해준다. **권기찬 / 총신대학교 교회음악과 2학년, 스티그마 찬양팀 리더** BUT BECAUSE YOU SAY SO, I WILL. 주님의 선하시고 완벽한 계획을 믿기에 나는 주님 따라가겠습니다. **KDE / 총신대학교 교회음악과** 이 책을 통해 안심하고 마음의 평안을 찾게 되었고, 거저 주신 그분의 사랑에 더욱 감사하게 되었습니다. 우리의 생각으로는 다 알 수 없는 하나님의 계획과 타이밍을 믿고 기대하며 기도하고 기다림으로 삶에 은혜가 넘침을 경험할 수 있습니다. **권하늘 전도사 / 인천효성교회** 책을 읽고 고백하게 하시기를, 어제도 계시고 오늘도 계시며 이제 곧 오실 나의 주, 하나님은 다 아시지요. 사랑합니다, 나의 아버지. **아슬란 / 하나님의나라** 죄인인 우리를 여전히 기다리시는 하나님의 마음이 이 책 속에 담겨 있습니다. 이 책을 통해 회복의 역사가 일어나기를 기도합니다. **묵묵상 / 인천청운교회** 세상의 문제와 환경이 더 커 보이는 요즘, 예수님의 참된 사랑과 위로의 마음이 담겨 있어 노을 진 밤과 잘 어울리는 책! **경은 / 대전새힘교회** 늘 내 입장에서 신앙생활하던 내게, 하나님의 마음을 알게 해주는 책. **퀸골드 / 양산어곡대동교회** 혼자 있다 생각했던 그 순간까지도 날 기다리고 함께하길 원하신 예수님을 느낄 수 있는 시간이었습니다! **김나영 / 하나님의 딸** 나에게 늘 집중하시는 하나님을 묵상했습니다. 저도 늘 하나님만 집중하며 평생을 사랑하겠습니다. **김다영 / 뉴질랜드 광명교회** 현재 해외에 살며 힘든 시간을 겪고 있는데, 그런 나의 마음속에 말로 표현할 수 없는 크디큰 위로를 주는 따뜻한 책이다. **단단 / 포항 흥해교회** 인생을 살아가다 삶이 막막할 때, 언제든 책장 한구석에서 나를 기다리고 있을 책. **댓이지 / 꿈꾸는교회** 완벽하신 하나님의 완전한 사랑을 느낄 수 있는 책. **dongdongb_e / 수지산성교회** 하나님께서 써 내려가신 나의 삶, 나의 순간들은 어쩔 수 없었던 차선이 아닌 하나님의 완벽한 타이밍이자 완벽한 사랑임을 고백하게 됩니다. **하란 / 주님의꿈을쫓는청년부** 무엇으로도 메워지지 않는 구멍 난 삶의 치료 약은 하나님의 사랑이었다. 한 장 한 장 담아 한 권에 모인 하나님의 사랑을 모두에게 건네고 싶다. **오리온 / 삼은대길교회** 고난의 언덕에서 나는 한참을 고민했지만, 그럼에도 나는 하나님의 사랑이었습니다. **Christine / 서천온누리교회** 주님이 나를 기다리시고 함께하시기 위해 피할 수 있었던 독잔을 기꺼이 받으셨음을 고백하며 고통의 순간에도 하나님의 완벽한 타이밍을 기대합니다. **스쟁이 / 동삼중앙교회** 나와 늘 함께하시면서 가장 완벽한 때를 위해 같이 기다려 주시는 하나님을 볼 수 있습니다. **밍키 / 주안교회** 여전히, 넌 내게 사랑이다. 우리는 다시 사랑하게 될 것이다. 하나님은 여전히 우리를 기다리고 계십니다. **김비치나 / 이화여자대학교** 나 주님의 사랑으로 호흡하리. 나 주님의 사랑을 전하다 나의 호흡을 마무리 지으리. **new-power / new-power** 사랑하는 그분의 얼굴을 뚜렷하게 만드는 귀한 책, 이 책을 통해 하나님이 부르십니다. 잘 있었느냐! **서율 / 평강교회** 하나님은 사소한 혼잣말도 들으시며 온전한 길로 이끄시는 분입니다. 당신의 삶을 하나님께 맡기며 나아갈 수 있길 기도합니다. **WordAnd Youth / 감리교 생명나무교회** 기다림에 지친 당신이라면 지금 당신은 예수님과 사랑할 만한 때이다. 사랑은 타이밍이다. **Coramdeo / 교회다모여** 전도사님의 책을 읽으면서 '믿음은 마침표를 찍지 않는다'라는 마음이 들었어요. 창조주 하나님이 포기하시기 전까지 나는 포기되지 않는구나. 한순간도 빠짐없이 하나님께 나는 사랑이었어요. **Lisa / 도림교회** 지금 겟세마네의 언덕을 오르고 있는 모든 이들에게 주님의 얼굴을 다시 생각하게 만드는 책입니다. 어쩌면 나에게 가장 필요한 그 얼굴이 이 책을 통해 다시 한번 모두의 힘이 되길 바랍니다. **소리 / 가음정교회** 임마누엘의 하나님, 말 그대로 하나님께서 우리와 함께하신다는 그 말 하나가 큰 위로가 됩니다. 어떠한 상황이 오더라도 하나님께서 끝까지 당신과 함께하실 겁니다. 안심하십시오. 하나님의 타이밍은 완벽합니다. **mosprin / 문형성결교회** '말씀이 생명이다'라는 문구를 볼 때마다 그렇구나, 막연한 생각뿐이었습니다. 하지만 하나님의 기막힌 타이밍을 이야기하는 김성경 전도사님의 '말씀'은 저에게 정말 생명과도 같았습니다. 출퇴근 버스에서 흘리던 눈물을 잊을 수가 없습니다. **김소율 / 꿈을이루는교회** 기억하자. 하나님이 먼저 나를 사랑해 주셨기 때문에 나도 주님을 사랑할 수 있음을. 일평생 그분은 내 편인 것이 분명하니 나만 그분 편에 서 있기만 하면 되는 것임을. **S. KIM / 홍익교회** 방 한구석에서 울고 있는 아이를 당겨 안아 주는 책입니다. 혼자가 아니라고요. **shalromi / 인천교회** 하나님은 언제나 나와 함께 계신다는 것을 잊고 살다가 성경 전도사님의 책을 읽고 다시 깨닫게 되었습니다. 잊지 마세요. 하나님은 당신과 함께하십니다. **SG-Barnaba / 군포할렐루야교회** 나를 다시 돌아보게 만드는, 동역자 청년들에게 무조건 추천하고 싶은 책! 우리는 넘어질 수 있어. 다시 일어나자! **김승원 / 새엘림교회** 글 한 문장마다 하나님의 사랑이 느껴져 감동이었다. 이 책이 나오면 주변에 무조건 선물할 거다! **아름드리나무 / 포항제일교회** 내게 완전한 사랑은 오직 예수님만이 주실 수 있음을 깨달았습니다. 벅찬 감동과 감사함이 온 마음 가득 차오르는 귀한 책입니다. **김연우(Eliana) / 대전한성장로교회** 상처받은 영혼에게 외치는 소리. 그 안에 완전한 하나님의 사랑. **김영준 / 수원성교회** 한 줄 한 줄 먹먹한 문장을 읽어나갈 때 분명한 예수님의 말씀을 들었습니다. "내가 너희를 사랑하였고, 여전히 사랑하노라." **김예랑 / 동산감리교회, 세브란스병원** 우리는 주님의 완벽하신 계획 아래에 있음을 이 책을 통해 다시 한번 느끼길 소망합니다. **김예진 / 춘천중앙교회** 정말 완벽하게 내 생각과 경험을 뛰어넘는 주님의 사랑을 느낄 수 있어 안심을 가져다주는 책입니다. **시몬선우 / 교회친구다모여** 혼자 감당하기 버겁고 동역자에게 나누기는 어려울 때 이 책을 통해 마음의 평안과 위로를 하나님께서 주실 것을 믿으며 추천합니다. **김요셉 / 선한감리교회** 하나님이 우리를 얼마나 사랑하시는지, 우리가 하나님을 얼만큼 사랑해야 하는지 알 수 있는 책. **김용하 / 한길교회** 내 삶이 너무 죄스러워 하나님을 바라볼 수 없을 때, 주님께 돌아가기 위한 마음을 열어 줄 책. **주의전싸 / 하나님나라** 가슴 먹먹한 찐사랑의 고백. 주님도 제게 여전히, 한순간도 빠짐없이, 끝까지… '사랑'이십니다. **주님사랑유빈 / 순천대학교** 교회친구다모여 성경 전도사님의 5분 설교를 통하여 주님의 사랑을 많이 느끼고 깨닫고 더 가까워지고 더 알아갈 수 있었습니다. 성경 전도사님께 감사합니다. **3927 / 행복한교회** 주님의 은혜로 지어진 책, 우리의 일상 속에 스며들다. **김은성 / 주님** 읽으면서 알았네요. 난 20년 된 병자라는 것을…. **김재은 / 신일성결교회** 그럼에도 불구하고 날 사랑한다 끊임없이 고백하는 하나님의 마음이 담긴 편지 같은 책. 당신도 그것만으로 충분한 하나님의 사랑을 끊임없이 경험하는 순간이길 소망합니다. **포항에 사는 루하하율엄마 / 포항소망교회** 아이들이 클수록 엄마라는 자리가 어려웠습니다. 하지만 주님이 늘 옆에 계시기에 버틸 수 있었습니다. 아이들 역시 힘든 순간 이 책을 읽고 주님이 늘 옆에 계시다는 사실을 알게 될 것이라고 생각합니다. **솔지.예지.예솔.예담.예람이의 엄마 / 사진관나를담다** 내 자녀들이 이 책으로 인해 위로받기 원합니다. **김주성 / 광주 송정소망교회** 당신을 향한 하나님의 마음을 알고 싶은가. 그 마음, 여기에 뚝뚝 묻어 있다. **Jun Kim / WEC T국 MK** 그동안의 죄책감과 죄로부터 완전히 아버지께 돌아갈 수 있는 용기와 위로를 심어 주는 책이다. **김지승 / 증가성결교회** 사랑이 부족해서 약해진 믿음에게 다시 사랑하라고, 그 사랑을 믿으라고 얘기해 주는 책. **루디 / SAG** 귀한 말씀이 제게 너무나 큰 위로가 되었습니다. **김지운789 / 감리교 목동 한사랑교회** 이 책이 나올 시기가 기대가 돼요. 전도사님의 아픔과 슬픔과 공감이 담겨 있지만 저도 많이 공감합니다. 이 책을 읽고 저처럼 많은 이들이 공감했으면 좋겠습니다. **율곡동불곰 / 갓플렉스유** 잘 살아가고 싶고 인정받고 싶지만 마음처럼 되지 않을 때 "하나님께서 '나'라는 존재를 향해 실망하시진 않을까? 이래도 되는 걸까?" 혼란스러움이 올라오곤 합니다. 그 혼란함과 두려움을 고요히 달래 주면서 삶의 방향을 바로잡아 주는 이야기가 담겨 있습니다. **앓다죽을춘식이 / 희망교회** 이런저런 이유로 교회를 떠날까 고민하던 나에게 하나님께서 주시는 말씀. "연약한 그 모습 그대로 괜찮으니 꼭 내게 있어라." **김진환 / 죽전로뎀교회** 우리가 외로움을 느낄 시의적절한 때에, 이 책은 우리가 혼자가 아닌 하나님과 함께임을 알려 준다. **꿈꾸는일청 김태우 / 일하는제자교회** 예수님의 사랑을 인격적으로 느낄 수 있는 책, 추천합니다. **김하영 / 충정교회** 내 스스로가 너무 미워서 하나님의 사랑을 머리로는 알면서도 마음으로 받아들일 수 없을 때, 이 책을 통해 그 하나님의 사랑을 다시 마음으로 느낄 수 있을 것 같다. **김하은 / 부광여자고등학교** 저에게 가장 큰 겟세마네 언덕은 스쿨처치의 시간이었습니다. 어려움과 고난이 함께했지만 성장이 있었던 그 시간을 이겨낼 수 있었던 건 나를 사랑하시는 예수님과 동행하였기 때문이라는 것을 이 책을 통해 알 수 있었습니다. **기망na / 서울세광교회** 하루를 겨우 살아내는 가운데 주시는 하나님의 위로가 느껴지네요. 늘 하나님의 사랑을 받고 있음을 다시금 깨닫게 되었습니다. **물댄동산 / 가정.또 다른 천국** 하나, 둘, 셋, 넷 당신의 마음에 삶 속 짐들이 쌓여져 가면서 외롭고 두려우며 지쳐 눈물이 흐를 때, 당신의 마음속에 내어주신 주님의 창을 바라보세요. 주님의 위로가 당신의 마음에 들어올 것입니다. **세상의 중심 / 대전** 그토록 갈망하던 꿈을 이루기 위해 몸부림치며 노력하는 이

시대의 청소년들이 절망하지 않고 믿음의 눈 들어 주를 바라보며 그 꿈 지켜갈 수 있는 원동력이 될 보물 상자의 열쇠와 같은 책입니다. **김형미 / 등대교회** 사는 게 숨 차고 눈뜨는 것도 숨 막히고 위로가 위로되지 않을 때 기대치 않고 만난 이 책은, 단 한줄의 하나님의 말씀(말 1:2)으로 위로가 되네요. **물댄동산 / CCC 또는 교육대학생** 우리에게 '위로'와 '희망'이 되는 '하나님의 사랑'을 따뜻하고 섬세하게 전해 주는 귀한 책! **김혜정 / 보광교회** 친구에게 이런 말을 해주고 싶었어요. "주님은 언제나 너를 사랑하셔"라고요. **김효선 / 복음안에새교회** 하나님의 사랑을 느낀 자는 그 감사한 행복에 살고 하나님의 사랑을 아직 경험하진 못한 자는 기대 안에서 살아갑니다. 하나님의 사랑이 오지 않을 거라는 생각을 하시는 분에게 권해 드리고 싶네요. **나유민 / 한국대학생선교회** 책 속에서 경험하는 주님의 은혜 안에서 우리 함께 춤춰 봅시다. **Hye_rim / 의정부 열방교회 청년부** 험한 세상길에 지쳐 포기 앞에 서 있던 사람인데, 다시금 살아가야 할 이유를 깨닫게 해주는 책이네요! 이 시대를 살아가는 청년들이 믿음의 경주를 잘 이겨내고 훗날 우리 주님과 얼굴을 마주하며 웃는 그날이 오길 간절히 소망합니다! **서녜 / 남서울중앙교회** 불확실한 미래와 눈앞의 실패로 좌절하며 무너지지 말기! 내가 설령 하나님을 잊는다 해도 그분은 한 번도 나를 잊으신 적이 없다. 나는 믿고 의지만 하면 된다!! 나를 통해 일하시는 하나님을 경험하며 하나님과 함께 행복하고 영원한 삶을 누리자!!! **리프레쉬 / 플러스** 아무것도 아닌 저를 사랑하셨습니다. 매 순간 나와 함께 계셨고, 기다려 주십니다. 제가 오늘을 살아갈 수 있는 것은 예수님 때문입니다. **하민하온이 엄마 / 광혜원교회** 내 모습 이대로 끝까지 사랑해 주시는 하나님, 결코 포기하지 않으시는 하나님 감사합니다. **노주희 / 교회친구다모여** 나를 향한 하나님의 가슴 뭉클한 사랑 이야기로 가득 담긴 책! 위로가 필요한 사람에게 필독서가 될 책! **jjung:) / 대학생성경읽기선교회** 모두가 내 모습 그대로 사랑하시는 분, 내 삶의 끝에서 나를 기쁘게 맞아 주실 하나님 아버지를 만나는 시간이 되길. **커버넌트 / 교회친구다모여** 사역하며 힘들고 지쳐 하나님을 원망하려고 하던 그때, 그 원망을 감사로 바꿔 하나님이 주신 사명을 회복케 하는 책입니다. **류근상 / 대전명성교회** 우리 모습 이대로를 사랑하시는 주님께서 당신을 기다리고 계십니다. 주님께 돌아갑시다. **mingumo89 / 신동탄지구촌교회** 완전한 인간으로 오신 예수님의 겟세마네 기도가 책 내용의 가장 인상 깊었던 부분이었습니다. **구기국쓰 / 주 예수 그리스도** 온갖 미디어와 빠른 전환으로 가득한 세상 속에 살아가면서 우리는 진득하게 하나님에 대한 생각을 하는 것을 잊을 때가 많습니다. 영화, 드라마, 게임,

웹툰, 스포츠… 이 모든 것보다, 그 무엇보다 소중한 하나님을 묵상하는 시간을 가질 수 있게 해주는 글입니다. **9106 / 여의도 순복음 교회** 평안할 때도 이 책을 읽으면 은혜가 되지만, 바로 지금 고난과 슬픔, 위기의 상황 가운데 있는 모든 분들이 더 은혜가 되고 힘을 얻을 수 있는 감동의 책입니다. 적극 추천드립니다. **늉늉주 / 교회친구다모여** 나의 모든 삶의 순간 가운데 하나님은 여전히 사랑으로 함께하신다는 사실을 마음으로 깊게 깨달을 수 있어서 읽는 내내 감사했습니다! **강건 / CCC** 어려운 시대, 부족한 모습마저 사랑하시는 하나님의 위로가 필요한 모든 세대의 갈급함을 채울 수 있는 책입니다. **민샘 / 대원여자고등학교** 한 걸음 앞서시고 한 걸음 뒤에 머무시는 그 사랑을 배우고 싶습니다. 이 땅의 모든 선생님들께 이 책을 통해 하나님께서 가르치고 사랑할 용기를 주시길. **민수진 / 중부반석교회** 3년 전 그리스도인의 최고의 치욕은 세상적인 삶과 구별 없는 삶이라는 김성경 전도사님의 말씀에 깨닫고 위로받고 지금은 행복한 신앙생활하는 사람입니다. 저처럼 울고 있을 소중한 분에게 이 책이 위로와 용기가 되길 기도합니다. **박가람 / 회사원** 세상 뒤로 숨어서 살았습니다. 전도사님의 메시지를 통해 다시 나올 수 있었습니다. 저의 신앙의 동아줄이 되어 주셔서 정말 감사합니다. **교연 / 교회친구다모여** 요즘같이 코로나 시기에 신앙심이 흔들리는 학생들, 특히 고3의 신앙을 잡아 주는 것 같았다. **하나님만 바라기 / 새삶침례교회** 제 귀에 대고 말씀하시는 것 같아요. "내가 너희를 사랑하였노라." 하나님만 바라보며 제 남은 인생, 살아가길 소망합니다. **박보란 / 대구드림반석교회** 신앙생활을 열심히가 아닌 꾸준히만 해온 저로서도 이 책을 통해 많은 은혜와 깨달음을 얻었습니다. 꼭 이 책이 많은 분들의 손에 닿기를 기도합니다! **박삼수 / 사랑하는교회** 우리가 죽고 사라진다면 이 세상의 사랑의 무게만 남을 것이라고 생각하곤 합니다. 주님의 사랑을 알고 사랑하는 만큼 이 세상은 빛나고 나의 삶은 빛날 것입니다. 글을 읽는 중에 왈칵 쏟아진 눈물은 주님의 찐한 사랑을 다시 한번 되뇌게 됩니다. **주님의 은혜로… / 복된이웃교회** 주님의 사랑은 너무 커서 지나고 나서야 그 크기를 보게 되었던 기억을 떠올리며, 지금 우리는 하나님의 타이밍 안에 살고 있다는 걸 깨닫게 됩니다. **selly / 열우물감리교회** "나 같은 자도 사랑하시는 주님이 하물며 당신을 사랑하지 않으시겠어요?"라는 목소리가 들려오는 책. 따스하다. **박성은 / 포항 기쁨의교회** 예수님도 포기하고 싶으셨을 때 아버지를 찾으셨듯이, 우리가 무너질 순간에도 달려갈 아버지가 있다는 걸 깨닫게 해주셔서 감사했습니다. **클라리타 / 수원성도교회** 하나님의 사랑이 이 책을 통해 모두에게 닿기를, 모두가 우리 아버지의 마음을 세상에 퍼

뜨리기를 소망합니다. **박수민 / 고양국제고등학교** 고통과 배신이 아닌, 사랑하는 당신의 얼굴을 보셨습니다. 삶에 지친 당신에게 버틸 힘을 주는 책입니다. **박영은 / 취업준비생** 다 무너져 내려 더 이상 눈물 한 방울도 흘리지 않는, 포기 앞에 서 있는 한 영혼이 한 페이지를 읽는 순간 따뜻한 눈물을 흘렸습니다. **삼위일체의 하나님 / 하나님과 이웃 사랑** 예수님의 그 사랑을 느낄 수 있는 시간이었습니다. 내가 어떤 모습이든 사랑해 주실 하나님이시기에, 두려우나 나아갈 수 있는 힘을 얻을 수 있고 상처받으나 다시 일어설 수 있는 힘을 얻습니다. **박은서 / 동탄제자들교회** 눈물로 얼룩져 있던 제게, 김성경 전도사님을 통해 들려주신 하나님의 러브레터. "완전한 나의 사랑으로 불완전한 너의 결점까지도 사랑한다." **Jgyung2da / ANCSA(All nations church- San Antonio)** 겟세마네 언덕을 걷고 있는 청춘들에게 전해 주는 하나님의 끝없는 사랑, 그 감동과 위로! **토브슬리 / 공주중앙감리교회** 아무도 모르게 구멍 난 가슴에 따스한 손이 감싸 주는 듯한 위로를 주는 책입니다. **ooks23 / 소망침례교회** 오늘 나에게 부어 주시는 하나님의 마음이, 그 사랑이 가슴으로 뜨겁게 느껴지는 책입니다. **예수님 언제나 / 당포교회** 예수님 언제나 날 보고 계심을 날 향해 계심을 믿습니다. **지은 / 영락교회** 전도사님을 통해 지금 우리에게 말씀하시는 주님을, 우리가 손을 놓아도 우리 손목을 놓치지 않는 주님을 책을 통해 만나시길 바랍니다. **jinjinhou / 부동산114** 하나님은 태초부터 지금까지 우리를 사랑하고 계신다. 이 책은 하나님의 무한한 사랑을 느낄 수 있는 아름다운 책이다. **찬별 / 흥왕교회** 오래전부터 저에게 위로가 된 한 문구가 책이 되었습니다. 이제는 이 책을 통해 더 많은 위로와 은혜가 외로운 영혼에게 닿기를 기도합니다. **박채연 / 인천제2교회** 하나님의 마지막 고백이 제 인생의 첫 고백이 되길 원하고 바라고 기도합니다. **태영 / 교회친구다모여** 나의 대한 하나님의 큰마음을 조금이나마 느낄 수 있는 책이고 마치 주님이 말씀하시는 것 같다. "내가 널 이만큼 사랑한단다"라고. **한나와 둥이 / 인천 열방의 빛 교회** 하나님의 사랑이 마음에 깊게 심겨진 소중한 책. **켠정 / 장충교회** 하나님은 나와 함께하시며, 누구보다 나를 사랑하십니다. 무조건적인 그 사랑에 감사하고, 완전하신 하나님을 믿고, 평생을 사랑하겠습니다. **Young / 창동염광교회** 특별하지 않은, 나와 비슷한 보통 사람들이 살고 있는 하나님 나라 이야기. **박혜영 / 수영교회** 여전히, 그 사랑 안에 거하고 있음에 감사합니다. **헤피니스 / 행복한 우리집** 한없이 작아지는 내 모습이 결코 보잘것없지 않음을 위로해 주는 따뜻함이 느껴집니다. **방정미 / 부곡교회(안산)** 말씀 안에 담긴 하나님의 마음을 봅니다. 그 마음의 고백은 이내 정처 없는 우리 삶에 가장 강력한 약속이 되어 줌을 믿으며 또 다시 오늘을 걸어갑니다. **y8n.s / Heaven** "아가, 나는 네가 보여." 비록 내 눈엔 주님이 안 보여도, 주님께서 여전히 함께 계심을 기억하게 해주는 문장입니다. 이 책을 통해 하나님의 위로하심이 독자분들께 마음 깊이 흘러가기를 기도합니다. **백인규 / 이삭교회** 삶에 지쳐 눈앞이 어두워 있던 저에게 다시 하나님을 바라고 기다릴 수 있게 해주셔서 감사합니다. **군산방주 / 호원대학교** 십자가로 끝나지 않은 주님의 사랑과 계획은 교회 안에 갇혀 있지 않고 지금도 나를 찾아오심을 발견합니다. "가장 잊을 수 없는 타이밍"을 주신 주님 같이 삶에서 예배하고 감사드려요. **Yulm / 송파동교회** 하나님의 사랑과 위로의 마음을 시작부터 끝까지 구석구석 가득 느낄 수 있는 따뜻한 책. 홀로 눈물 흘리고 있을 한 사람, 한 영혼이 제가 그랬던 것처럼 이 책을 통해 더 이상 눈물이 아닌 하나님께 깊이 잠길 수 있기를 기도합니다. **24살가을 / 한동대학교회** 제 속을 들여다본 것 같은 한마디에, 깊은 공감을 느꼈습니다. 한 사람의 영혼을 살리는 글 감사합니다. **SMJ / 한동대학교** 계속해서 기도해야 하는 이유, 계속해서 하나님께 돌아가야 하는 이유, 계속해서 버텨야 하는 이유를 알 수 있는 책. **승범 / 하나교회** 내 영혼이 깊은 잠에 들었던 모든 순간들. 그 시간에도 언제나 주님은 동일하게 역사하셨다. **예동(예수님과 동행) / 안양대학교 신학과 브라더스** 이 언덕 끝에 주님이 계신 것을 믿고 주님의 얼굴을 바라보면 달려가겠습니다. 그리고 이제 기다리시지 않게 주님의 사랑을 향해 달려가겠습니다. 주님 사랑합니다. **@gr_ace_een, 은혜 / 지구촌교회** 겟세마네 언덕에서 나의 얼굴을 보고 이겨내신 예수님처럼 나도 예수님을 보고 내 겟세마네를 이겨내 보겠습니다. **서장원 / 인천공항교회** 나를 향한 하나님의 사랑과 위로가 새롭게 느껴지는 너무 좋은 책입니다. **메리 / 광주중앙교회** 그 모든 질문의 답은 언제나 예수 그리스도입니다. **어린아이 같은 모습으로 남고 싶은 아기곰돌이 / 교회친구다모여** 김성경 전도사님의 설교 중 '피투성이라도 끝까지 살아있으라'가 기억에 크게 남아 있습니다. 찬양 '천 번을 불러도' 가사가 마음에 남아 있기에 김성경 전도사님 책도 기대합니다. **소유진 / 목동지구촌교회** 주님께 그동안 사랑을 고백했던 적이 얼마나 있었을까 돌아보게 해주는 따뜻하면서도 따끔한 책! **헤이요맨 / 헤븐** 믿음의 선한 싸움을 해야 하는 현실 속에서 주님의 마음을 보도록 만드는 책! 완벽한 타이밍! **5462 / 봉황교회** 눈물을 흘릴 감동의 내용, 주님의 계획과 사랑을 느낄 수 있는 책, 사람들에게 빛이 되길 소망합니다. **손현정 / KC대학교** 예수님께서 어떻게 고통과 치욕을 이겨낼 수 있었는지 깨닫고, 더럽고 추악한 우리임에도 우리를 기다리실 사랑의 하나님을 만날 수 있는 책. **쏭두 / 점촌침례교회** 산 넘어 산이라는 사실이 힘들게만 다가왔지만, 하나님과 함께라는 사실, 그리고 그 다음 산에서는 더 멋진 풍경을 함께 볼 수 있단 기대감이 도전하게 만듭니다. **송아영 / 구리예향교회** 세상에서 얻을 수 없는 위로와 온전하고 완전하신 사랑을 느낄 수 있는 책, 모든 내용이 감사하고 또 감사했습니다. **송은지 / 스탠드그라운드** 교회 가기 힘들 때, 기도도 성경읽기도 힘들 때 어느 순간 보이는 책을 읽으며 다시 하나님을 느끼게 되고 다시금 만나고자 마음을 돌이키는 한 열쇠가 되는 것을 경험한 적이 있습니다. 이 책이 길 잃은 영혼에 등대가 되길 소망합니다. **송지은 / 양재 온누리교회** 첫 장부터 눈물이 왈칵 쏟아졌어요. 이 책을 통해 내가 눈치채지 못한 깊은 마음까지 찾아, 남김없이 위로하시는 하나님을 만나시길 축복합니다. **송해승 / 주예수교회** 지금도 우리에게 들려주시고 싶은, 하나님의 따뜻한 음성. 오늘도 우리에게 알려주시고 싶은, 하나님의 따뜻한 마음. **송현 / 배곧 좋은교회** 제 입술에서 이런 고백이 나옵니다. 주님, 감사합니다 죄송합니다, 그리고 사랑합니다. **NAIM / 양문태권도** 오늘도 불안한 하루를 보내는 당신에게, 당신 곁에는 매 순간 그대를 '최고'로 사랑해 주시는 하나님이 계시다는 사실을 부드럽게 확신시켜 줄 책입니다. **싸무캘리 / 원디사이플 워십 미디어 디렉터** 세상에서 길 잃었던 한 영혼을 구하기 위해 청주 변화가 속으로 나섰던 전도사님의 여정들이 전해집니다. **유빈 / 교회친구 다모여** 요즘 정말 힘든 시기를 보내고 있는데 큰 위로가 되는 책일 것 같아요. 가장 좋은 걸 주시는 주님의 계획을 믿고 기다립니다! **js / 광주** 집, 병원, 교회, 그 어떤 곳도 편하지 않고 부모님, 친구, 목사님, 그 누구도 의지할 수 없었던 나와 같은 한 영혼에게 이 책이 전달되기를 간절히 소망합니다. **Shin Deborah / 성결대** 불안한 길이라고 생각해도, 완전하지 않은 길이라고 생각할지라도 하나님께서 인도하신다면, 하나님이 하신다면 그 길은 가장 완벽한 길임을 깨닫게 된 책입니다! **안수아 / 성남산성교회** 저 자신을 돌아보게 되고 하나님의 사랑을 더 깊게 알고 빠져들게 하는 책이네요. **안시온 / 성남외국어고등학교** 이 묵상이 단순히 믿는 자들의 감동으로 끝나지 않길, 길 잃어 지친 양들이 보고 돌아올 수 있는 화살표가 되길 간절히 기도합니다. **이기쁨 / 영동제일교회** 힘이 되는 말씀을 영상으로만 보기 아까웠는데 책으로 볼 수 있어서 너무나 감사합니다. **양지영 / 거룩한만남봉성교회** 많은 위로를 얻고 갑니다. 문장들이 마음을 울리네요. **1017 / 빛가온교회** 나 같은 죄인 때문에 죽음마저 이기신 우리 주님의 사랑을 다시 한번 느낄 수 있는 소중한 책입니다. **엄주흥 / 수동그리스도의 교회** 당신이 만약 광야와 같은 십자가의 길을 걷고 있다면 이 책은 당신에게 그 길에 동행하시는 예수님을 보여 줄 것이다. **여수아 / 총신대학교 교회음악과** 나도 모르게 필요했던 하나님의 잔잔한 위로, 내가 생각했던 것보다 훨씬 큰 하나님의 사랑을 마음으로 느낄 수 있는 책. **슈온 / 여의도순복음송파교회** 안심하십시오, 광야에 서 있는 그대여. 우리가 그랬던 것처럼, 이 책을 만난 지금 이 순간이 바로 하나님의 완벽한 타이밍입니다. **왕연지 / 하나님의 딸** 우리를 향한 하나님의 크고 위대하신 사랑을 다시 한번 깊숙이 묵상할 수 있었습니다. 삶 속에서 지쳐 힘든 하루하루를 보내고 있는 모든 분들께 이 책을 추천합니다. **Dunya / 비전메이트** 책을 읽으면서 자신을 버리시기까지 사랑하시고 모든 실패를 끝까지 인격적으로 품으시는 주님을 봅니다. 우리를 놓지 않으시는 주님과 같이 부족하나 우리도 주님을 놓치지 않겠다고 다시금 다짐해 봅니다. **오서현 / 빛으로교회** 이 책은 자신의 부족함을 하나님께 드러내고 하나님과 동행할 수 있도록 도와줍니다. **예지영 / 랩퍼** 책을 펼치는 순간, 갈급한 당신을 향한 하나님의 완벽한 타이밍일지도 몰라요. **사랑스러운 송이 / 김포사랑스러운 교회** 일상 속 비유와 말씀을 통해서 예수님의 마음을 조금이나마 알아가고, 사랑받는 것을 느끼게 해주는 책입니다. **하사이사 / 아신대학교 졸업준비생** 나라는 한 사람을 영원히 잊지 않고 기억하며, 사랑한다는 하나님의 음성을 느낄 수 있는 책이다. **Matthias / 이끌라318기독사관학교** Matthias의 뜻처럼 여호와의 선물을 받은 것 같습니다. 하나님께서 주시는 위로, 소망, 기쁨, 감사, 사랑 모든 것을 느낄 수 있었습니다. 예수님의 얼굴 잊지 않겠습니다! 감사합니다. 저를 사랑해 주셔서. **아름다울 미 / 한동대학교** 다시 일어나 바라보아야 할 게 무엇인지 알게 해주셔서 감사합니다. **1004 / 가양감리교회** 김성경 전도사님의 웬만한 설교 영상은 다 보았지만 아는 내용임에도 글로 보는 설교는 또 다른 은혜가 있는 거 같습니다. 하나님의 타이밍은 완벽하다. 많은 분들이 이 책을 통해서 하나님이 우리에게 주시는 메시지를 깨닫고 묵상하는 시간을 가졌으면 좋겠습니다. **유한결 / 예향교회** 잃은 양 한 마리를 찾으러 오시는 하나님을 말하고 있다. 우리를 초청하시고 잔치를 베푸시는 주님께 돌아가기만 하면 된다. **유바리새인 / 수원 예인교회** 하나님의 타이밍을 간절히 사모하던 때에 이 책을 만나게 되었습니다. 김성경 전도사님이 적으신 글을 통해 지금 제때에 말씀하시는 주님의 음성을 듣기를 소원합니다! **Unmarked / 시드니 온누리 교회** 아무 흔적이 없는 것 같아 보이던 내 삶에 (unmarked) 돌아보니 하나님의 흔적이 가득했음을 (marked) 알려 주는 글이었습니다. **신토불이 / 주와 동행** 이 세상 모든 사람들의 삶을 정확히 아시며 위로하시고 힘 주시는 하나님을 만나는 책. **긍정라**

**이언 / 청년세움교회** 요즘 내게 가장 필요했던 것, 비워진 마음을 채워주는 한 글자 한 글자에 주님의 임재하심을, 주님의 나를 향한 사랑을 경험한다. **윤한빈 / 교회친구다모여** 동서남북, 사방이 다 막혀 있다 할지라도 눈을 들어 하늘을 바라보는 믿음을 가진 자에게 주시는 사랑. **혜진혜선혜경 / 오산성지교회** 이 책을 통해 위로를 받고 주님께서 당신을 사랑한다는 걸 느끼셨으면 합니다! **이다빈 / 주의 나라** 그의 한없는 사랑, 대가 없는 사랑을 통해 내가 살아있음을 깨닫고 고백할 수 있었던 책입니다. **이다솜 / 교회 친구 다 모여** 정말 내가 살아온 삶을 되돌아보게 하며, '하나님의 타이밍은 언제였을까?' 생각해 보기도 하고, 몰랐던 부분이나 알고 있었지만 제대로 알지 못했던 부분을 새롭게 깨달을 수 있었습니다. 하나님이 어떠신 분인지에 대해서 알고 또 더욱 가까워질 수 있어서 정말 감사했습니다! **하빛사 청년 이다영 / 하늘빛사랑교회** 우린 어차피 넘어집니다. 넘어져도 하나님 안에 넘어지는 힘을 기릅시다. 이 책에서 말하고 있는 하나님이 늘 기다려 주시잖아요. **하나님의 사랑 / 샛별교회** 하나님의 사랑과 은혜의 감사, 축복입니다. **이대경 / 연세대학교 신학과 20학번** 하나님의 사랑이 담담하게 전해지며 따스함과 설렘이 찾아왔습니다. **Big_bright92 / 팀룩워십** 아빠에게 달려가는 아이의 여정은 올림픽 경기가 아니니, 도중에 넘어진 아이를 위로하는 아빠의 손길도 반칙이 아니다. 이 책을 통해 만났던 아빠의 위로가 다른 이들에게도 한결같이 전해지길 기대한다. **이동성 / 강북제자교회** 이 책을 읽는 모든 분들이 하나님의 따스한 시선을 느끼고 부드러운 음성이 들려지는 위로가 있기를 소망한다. 안심하고 그 사랑으로 오늘을 함께 걸어가자. **이동창 / CSPROJECT** 이 책을 통하여 우리의 시선을 떠나 주님의 시선을 바라보며 나아가는 사람들이 되길 소망합니다. 하나님이 계획하는 타이밍은 모두 완벽하기 때문에. **밋지 / DAILY** 그럼에도 여전히 사랑한다 말씀하시는 하나님. 그 선한 사랑을 느끼고, 고백하며 살아갈 힘을 주는 책. 사랑해요 주님. **이민호 / 교회친구다모여** 마음에 위로가 되는 말 한마디. 짧지만 공감이 가는 이야기. 감사합니다. 이런 마음이 따뜻해지는 책을 출판해 주셔서. 이 책을 통해 역사하실 하나님을 기대합니다. **Lee Sanghyun. t / 염광교회** 나 주님과 함께 겟세마네 언덕을 즐겁게 오르리. 평생. **이상효 / 성암중앙교회** 자신을 돌아보고 신앙을 점검하게 하는 이 책을 귀한 여러분들께 추천드립니다. **Logo.S.pace / 말씀공간** 그렇네요… 아무리 내가 힘들다! 나도 지쳤다! 나만 왜 힘들어야 하냐 할 때 예수님께서는 더욱 힘드셨고 더욱 아프셨고 더욱 지치셨겠네요. **열 아홉, 이서윤 / 한생명교회, 보광고등학교** 하나님의 사랑은 너무나도 따뜻해요. 그 사랑을 닮아가고 싶습니다. 하나님이 우리에게 사랑을 고백하신 것과 같이 우리도 모두에게 사랑을 고백했으면 좋겠어요. 가장 어렵지만 가장 귀한 사랑을 깨닫게 해주어 감사합니다. **작은피디 / 교회친구다모여** 지치고 바쁜 제 삶 속에 책을 통하여 하나님께서 위로하시고 계시다는 마음이 들었습니다. 감사합니다. **선영아사랑해 / 가락동부교회** 내가 혼자서 속으로 의심하고 두려워했던 마음들을 정확하게 골라내서 하나님의 사랑과 확신으로 꽁꽁 싸매주는 책. '안심하라'라는 한 마디가 가장 묵직하고 섬세하게 내려앉아 하나님에게서 떨어질 수 없게 만드는 책! **이성경 / 큰빛중앙교회** 살아계신 하나님께 귀하게 쓰임 받는 책이 될 소망합니다. **이세라 / 글로벌비전교회** 김성경 전도사님 특유의 마음을 건드려주는 언어가 글로도 충분히 녹아들어 있어 글을 읽으며 감동과 울림이 있었습니다. 가볍게 읽히지만 오랜 여운을 주어 하나님께 더 쉽게 다가가고 하나님을 알아갈 수 있는 시간이었습니다. **밝고 푸른 하나님 나라 백성 / 영안교회** 사랑해요. 이제 같이 가요. **이송희 / 강서제일감리교회** 어쩌면 요즘의 상황은 나도 모르게 하나님과 거리를 두고 싶던 나에게 아주 좋은 핑곗거리였는지도 모른다. 이런 나를 되돌리시려 이 글을 읽게 하심은 하나님의 완벽한 타이밍이었다. **이수빈 / 포항중앙침례교회 청소년부** 정말 나에게 큰 위로로 다가왔고 주님의 마음과 나에게 하시고 싶어 하시는 말씀을 크게 느낄 수 있었다. 나의 또래 친구들에게 추천하고 싶은 책이다. **이수지 / 울산예문교회** 전도사님의 말씀은 언제나 강한 도전이 되고 큰 영감이 됩니다. 이 책을 통해 보다 많은 이들에게 하나님의 마음이 깊은 위로와 큰 감동으로 전달될 것을 확신하고, 또 기대합니다. **lsm613 / 안산성광교회** 언제나 함께하시고 끝까지 사랑한다 하시는 하나님을 깊이 누릴 수 있는 책이에요. 추천합니다. **이승아 / 부광감리교회** 이 세상을 살아가며 저를 포함한 많은 분들이 이 책을 통하여 주님의 은혜, 그 사랑으로 복되게 살아가시길 축복합니다! **mysyl31 / 전주 그리스도의 교회** 쌓이는 신앙의 년수에 오히려 희미해지던 예수님을 다시 한번 분명하고 확실히 느꼈습니다. **4161478 / 충신감리교회** 이 책을 펼쳐서 읽는 순간부터 하나님의 마음을 알게 되는 하나님의 타이밍이 펼쳐집니다. 절절한 마음에 헉! 하고 놀라서 잠잠히 묵상하게 됩니다. **미야 / 우린모두하늘가족** "아가 다 보고 있었다. 힘들었지." 혈육 아닌 4남매 키운 노모께서 주님의 자녀 되어 위로받는 소망을 꿈꾸게 하는 책입니다. **이예림 / 구미제일감리교회** 김성경 전도사님을 통한 하나님의 포근한 일으킴이자, 걸어갈 힘을 얻을 사랑의 이야기. **막내딸 / 이천중앙감리교회** 이제는 하나님의 짝사랑에 보답해야 할 때. **이유정 / 동서로교회** 쓸쓸히 울고 있을 유정이들에게 너는 혼자가 아니라고 건네주고 싶은 책이에요. **0724하람하음 / 로고스라이프교회** 책을 읽는 동안 말씀으로 살아 숨 쉬시며 나를 사랑해주고 계신 나의 하나님을 만나는 따뜻한 시간이 되었습니다. **이은주 / 불꽃청년부** 사람의 보폭은 다 다르지만 1미터를 채 넘지 못한다. 하나님이 각 사람에 맞추어 당신의 보폭과 자신의 보폭을 맞추시고 있음을 배울 수 있다. **이정동 / 광교고등학교** 예수님의 마음으로, 주어진 자신의 겟세마네를 기꺼이 오르는 우리 모두가 되기를. **이정철(Isaac) / 주보혈순복음교회** 하나님과의 관계가 멀어졌던 나에게 한 줄기 빛처럼 다가와 하나님과의 관계를 다시 한번 회복하게 해주는 책. **주께서 사랑한시니 / 교회친구다모여** 내가 없는 천국보다 차라리 죽는 게 나을 만큼 나를 사랑하신다는 그 말씀이 오늘도 살아갈 소망이 됩니다. 사랑합니다, 주님. **이주안 / 금정중학교** 그리스도인의 삶을 더욱더 열심히 살아야 되겠음을 느낀 책입니다. **용택이마누라 / 하나님** Relax. god's timing is perfect. 언제나 하나님은 우리를 최고의 길로 안내하고 계십니다. 안심하세요. **jelee / 교회친구다모여** 멀리 있는 아득한 존재의 신이 아니라 딸을 사랑하는 아빠의 눈으로 나를 바라보시는 예수님의 마음을 느낄 수 있는 책. **EASY / 청북교회** 광야에서 주님의 말씀을 기다리며 방황하는 자에게 딱 맞는 좋은 책. "우리는 다시 사랑하게 될 것이다"라는 말이 도태되어 있는 나에게 큰 교훈을 준다. **이초희 / 건국대학교** 요나처럼, 아빠를 사랑하기를 포기하고 뛰쳐나와 올라탄 서울행 무궁화 1514 열차에서 이 책을 읽습니다. 나중에 꼭, 꼭 주 앞에서 말할 겁니다. "당신이 나를 붙잡아 주셔서, 나 끝까지 아빠를 용서하고 사랑할 수 있었습니다." **하늘 / 동두천 낙원교회** "주님, 나의 모든 것 바쳐 오직 당신만을 사랑합니다"라고 고백하게 되는 은혜롭고 소중한 책이에요. **히누 / 광주안디옥교회** 이 책을 통해 고난 가운데에서도 하나님을 의심하거나 원망하지 않고 항상 날 기다리시는 주님을 생각하며 이겨내시길 축복합니다! **보건교사 이혜리 / 하나님의 귀한자녀** 그 어느 때보다 힘든 시간에 주님께서 저에게 전해주신 말씀인 거 같아요. 어떻게 해야 할지 모르지만 선하신 능력으로 해결해 주실 주를 믿습니다. **임경미 / 샘물중앙교회** 책을 읽는 순간순간까지도 하나님의 타이밍이었습니다. 하나님의 얼굴을 마주하는 타이밍, 하나님 아버지의 마음을 아는 타이밍, 예수님을 닮아갈 타이밍, 성령님을 의지할 타이밍, 모든 상황 속에서 말씀 안에서 완벽한 하나님의 타이밍에 초대합니다! **보블리 / 잘되는교회(기성)** 나를 사랑하는 이가 이 세상에 존재한다는 것, 그것이 내 삶의 가장 커다란 힘입니다. **하나님의 딸 성희 / 교회친구다모여, 김포사랑스러운교회** 그저 오열하게 만드는 책. 하나님의 타이밈은 완벽하며, 날 뿌리부터 회복시키시고 사랑하시는 하나님을 느낍니다. 사랑합니다. **혼자만의 시간 / 서울 화성교회** 내가 살아가고 있는 삶이 너무 편안하지만 그렇다고 늘 행복한 일만 가득한 건 아니다. 나는 항상 힘들 때 하나님을 먼저 찾아야 하는 걸 알면서도 그게 되지 않았다. 그러나 이 책이 주는 메시지는 하나님은 지금 이 순간에도 나와 여러분을 사랑하고 계셨다는 사실을 알려 주고 있다. **임주찬 / 감리교인** 하나님은 죄인만 구원하십니다. 죄와 죄의 결과로 낙심한 모든 자들이여, 예수님께로 나아오세요. **carly1009 / 항도교회** 예수님이 그 겟세마네 언덕에서 버틸 수 있었던 이유가 '나'라는 말에 마음이 따뜻해집니다. 오늘도 나와 함께하시는 예수님 손잡고 승리하겠습니다. **YEON / CCC** 모든 것을 내어주실 만큼 우리를 사랑하신 예수님으로부터 떠나 있던 제 모습을 돌아보며 죄송했고, 또 감사했습니다. 많은 사람들이 예수님의 크신 사랑을 깨닫고 그 사랑으로 변화되길 원합니다. **나의수피 / 교사선교회** 연약한 제 모습도 인정하시고, 다시 사랑해 주심을 깨닫게 하는 책. **Wish / 안산중앙교회** '하나님은 나를 정말 사랑하실까?' 하는 생각이 들 때마다 김성경 전도사님의 설교를 통해 '나는 너를 이만큼이나 사랑해' 하며 사랑을 끊임없이 부어 주시던 하나님께서 이번엔 책을 통해 저에게 말씀하시는 것 같아서 또 감사합니다. **아르밤 / 교회친구다모여** 내가 알 수 없는 것에 주님은 일하신다. 타이밍은 내가 잡는 것이 아니다. 주님은 주님의 타이밍에 일하신다. **l.lantree / 교회친구다모여** 괜찮다. 도망가지 마라. 내 곁에 있어라. 우리 곁에서 언제나 사랑을 주시는 분, 잊지 않겠습니다. **장혜주 / 땅콩키다리** 예수님의 사랑을 정말 느끼고 싶다면, 그 불길을 스스로 찾아가 녹아들어야 한다. 사랑은 모든 걸 받아들여야 하니까 우리가 사랑하길 원한다면, 이 책을 통하여 예수님의 온전한 사랑을 받아들이고 내 삶을 드리는 한 사람이 되길 바라본다. **장호성 / 효성교회** 이 책을 통해 우리 신앙에 다시 불을 지피세요. 그리고 다시 사랑하세요. **전민송 / 밀알교회** 우리가 감히 다 알지 못하는 하나님의 마음을 느낄 수 있는 책입니다. 여러분 잊지 마세요. 우리 아빠 하나님이야! **전새힘 전도사 / 한신대학교** 지금이 전부인 줄로만 알았던 오늘에서야 당신의 애타는 목소리를 듣습니다. "안심하라!" 완벽한 타이밍에 이제는 나의 오늘을 온전히 당신께 드립니다. **Wisdom_2001 / 순천 DSM** 책 제목 그대로 하나님의 타이밍은 완벽하시다. **햇감자 / 감자빌리지** 하나님과의 관계 속에 수없이 많은 권태기가 찾아오겠지만 그 순간마다 도망가지만 말자. 무너지지만 말자. **901** 세상에 내 편 하나 없이 혼자 있다고 느껴질 때, 주님의 말씀을 듣고 싶을 때 보면 좋은 책이에요. 우리 같이 이 책 읽고 주님의 품으로 다시 돌아가요! **Guseon / Calling Ent** 정말 힘들 때 이 글을 읽으면 정말 힘이 되며, 하나님이 나에게 위로를 주시는 것 같다! **정누리 / 이천순복음교회** 하나님을 향한 믿음을 잃어가는 이들에게 다시 사랑을 느끼게 하여 회복시켜주는 책. **주님아이 / 그래픽디자이너** 머리로는 아는데 마음으로 이해하지 못했던 아버지의 사랑을 체험하게 하는 책. **다다 / 영신교회** 하나님의 완벽한 타이밍, 그것은 사랑이었어요. **주님만 사랑하고 찬양하는 청년 정미경 / 구세군광양교회** 너무너무 삶이 힘든 어느 날 우연히 알고리즘의 축복으로 인해 김성경 전도사님의 말씀 영상을 접하게 되었어요. 책을 통해 다시 힘내서 세상 가운데서 일어나 주님 안에서 승리하는 여러분들이 되었으면 합니다. **dearmy / 대동교회** 연약한 인간인 나는 예수님이 나와 함께 계심을 자주 잊어버립니다. 하지만 역시나 오늘도 예수님은 나와 함께 계십니다. **융맹 / 분당은진교회** 우리는 한 분만 사랑하면 됩니다. 이 책은 내가 사랑하는 하나님이 나를 어떻게 사랑하는지 알려 주면서 내가 참아왔던 눈물 보따리를 터트려 주는 책입니다. **정선영 / 동부제일교회** 내려놓고 싶은 순간, 저 너머에 있는 하나님의 뜻과 타이밍을 바라보게 하는 책. **알렉스정 / 울산 양문교회** 이 책을 통해 인생을 향한 불안이 사라지고 완벽하신 하나님의 계획을 경험하시길 축복합니다. **연수 / 은항교회** 하나님의 타이밍을 의심하던 그 순간에 전도사님의 말씀을 듣고 나를 위해 지금도 일하시는 하나님의 은혜를 경험할 수 있었습니다. 하나님의 타이밍은 언제나 완벽함을 믿는 삶이 되길 기도합니다. **정예은 / 서울명동교회** 짧은 글이었지만 하나님의 사랑을 경험하기에 충분한 시간이었다고 생각합니다. 좋은 글 써주신 김성경 전도사님 감사하고 축복합니다! **1.24_y.o / 샤론교회** 내 모습이 어떠하든지 하나님의 사랑은 변함이 없다는 것을 보여 준다. 글로 전해지는 사랑의 모습을 통해 많은 이들에게 위로가 될 것 같다. **댄의 이야기 / 아세아연합신학대학교 선교영어학과 19학번** 죄로 인해 검어진 그 모습마저도 아름답다고 하시는 주님의 사랑, 그 깊은 사랑이 책을 읽는 모든 독자들에게도 부어지기를. **Sophia Jung / 오직예수** 사랑이신 예수님, 도망가고 싶고 포기하고 싶은 순간이 제게도 수없이 많이 왔지만 끝까지 포기하지 않으시고 함께 하시는 그분은 예수님이세요. 마음이 괴롭고 힘드신 분, 예수님을 알지 못하시는 분에게 추천합니다. **Dyllis40 / 가야교회** 숨기고 싶어 도망치다 무덤덤해진 나날 속에, 다시 주님과 마음으로 맞닿는 시간이 되시길. **아이스베어 / 갈보리 침례교회** 예수님의 마음이 따뜻한 편지로 전해지는 듯한 글입니다. **옆집지니 / 교회친구다모여** 삶의 끝자락에서도 포기하지 않는 이유는 주님이 나와 함께 계시기 때문입니다. 그분의 타이밍은 완벽하십니다. **또미 / 천안중부교회** 하나님은 한순간도 나를 사랑하지 않으셨던 적이 없다! **HAGLORY / 해운대제일교회** 우리의 삶에서 부딪히는 힘듦과 어려움에 충분한 위로가 되어 줄 책입니다. 그 위로와 공감이 하나님의 사랑을 다시 깨닫는 계기가 될 것입니다. **혜나 / 양재 온누리교회** 이 책을 통해 아버지에 사랑을 다시 한번 느끼며, 그리 아니하실지라도 믿음으로 아멘 하겠습니다. **정혜인 / 남부전원교회&논산중앙교회(네임리스 용사)** 언제나 사랑하시고 동행하시는 하나님과 따뜻한 눈 맞춤, 함께하지 않으실래요? **zoom74 / 동항교회유치부선생님** 지금 나의 섬김이 하나님의 완벽한 타이밍이길 기도해 봅니다. **규민 / 안양제일교회** 멀리 있는 성경 속 인물 '예수님'이 아닌, '엄마, 아빠'처럼 가까운 하나님으로 우리 마음의 체온을 느낄 수 있도록 열어 준 책. **jireh / 산본양문교회** 언제나 나를 사랑하시며 최고의 날을 주시는 주님! 주님이 계시기에 여기까지 올 수 있었습니다. **원디사이플 워십 대표 미녀 싱어 / 원디사이플 워십** 지금 흔들리고 무너지는 순간을 걷고 있는 사랑하는 예배자들에게 선물해 주고 싶은 책. **아짠조 / 시흥예수사랑교회** 잊고 지냈던 아버지의 사랑을 기억합니다. 그 사랑이 나를 숨 쉬게 합니다. 이 책을 읽는 모든 이들이 그 사랑을 회복하기를 기대합니다. **Gooodzi / 부산** 이 시대를 살아가는 우리의 마음 깊숙한 곳을 뜨겁게 만드는 하나님의 절절한 사랑에 눈물이 자꾸 나네요. 어느 누구에게 이토록 사랑받을 수 있을까요. **조항진 / 일상 선교사** 성경책 다음으로 두고두고 읽고 싶은, 깊은 울림을 주는 성경's 책. **지우 / 성결대학교 신학과** 하나님의 숨결이 느껴지는 책이었습니다. 글을 읽을 때 그 숨결이 느껴질 것만 같이 하나님 품에 꽉 안겨진 순간이었습니다. **주예림 / 공주 꿈의 교회** 살아야 할 이유가 예수라면 이미 주생을 살고 계신 겁니다. 주생을 기대하게 할 이 책을 추천합니다. **주윤경 / 성원교회** 하나님을 향한 오해와 사람들의 소리를 벗어버리고, 다시 오라 하시는 하나님의 결코 변하지 않는 사랑과 위로를 이 책을 통하여 느끼시길 소망합니다. **주사랑하는 자녀 / 송도주사랑교회** 하나님의 사랑을 가득 담아낸 책. 읽고 나면 하나님과 대화하고 싶어지는 책. **큰기쁨교회 / 교회친구다모여** 서사적이나 실질적입니다. 실제로 예수님과 마주하며 감정이 전달되는 기분이었습니다. **김지은 / 동광교회** 신앙에 고민하고 아파하던 청년들과 청소년들에게 큰 위로의 메시지가 될 거라 믿습니다! **yeser / 하나님나라** 집 돌아가는 기차 안에서 읽다가 눈물 흘렸어요. 하나님의 사랑의 깊이를 다시금 깨닫게 해주는 메시지인 거 같아요. 다들 나그네의 삶 끝 날까지 사랑 안에 머물다 가시길 축복합니다! **차우진 / 강남교회** 예수님이 이 책을 통해, 저에게 사랑한다고 하시네요. **younglala / 포항성결교회** 그래도 될 것만 같은 현시대에 그래선 안 된다는 울림을 주는 책. **최선경 / 춘천 온누리교회** 일상에서 마주하는 작은 일화 속에서 발견하는 깨달음이 깊은 묵상으로 변화하는 순간, 온몸이 저릿하며 감동으로 스며듭니다. 누구나 공감할 수 있는 상황을 통해 누구보다 강렬한 인사이트를 전달해 주는 김성경 전도사님의 전달력은 이 책을 통해 더욱 빛을 발합니다. **최시은 / 평강교회** 바닥을 치며 내려간 인생의 그래프 그 굴곡 안에, 예수님의 눈물과 사랑으로 평탄하게 채우시는 은혜를 담아냈다. **Angela / 한길교회** 이 책은 하나님의 품에 안긴 한 사람의 편지다. 주의 사랑에 붙들린 하나님의 자녀들이 그 사랑고백을 이어간다. **heroidaddy / 수원예인교회** 부모님의 사랑을 받아보지 못한 분들에게 이 책을 추천합니다. 글이지만 사랑을 느끼게 되실 거예요. **Gracia / 삼척제일감리교회** 세상에 치여 잊고 있었던 놀라운 진리는 이 책을 통해 다시 살아나 주님의 영광된 눈물이 곧 사랑이었음을 알게 해준다. **최작가 / CTS기독교TV** "내 자녀야, 언제라도 내게 돌아와도 괜찮다" 말씀해 주시는 책. **최유진 / 열두광주리명성교회** 우리의 연약함 대신 그분의 신실하신 인도하심과 사랑으로 우리의 삶이 이루어져 감을 봅니다. **최인애 / 밝은감리교회** 내가 아플 때 나의 아버지는 나보다 더 아프셨고, 내가 즐거울 때 나의 아버지는 나보다 더 기뻐하셨다. 이제는 나에게 하늘 아버지가 있다는 것에 누구보다 더 기뻐할 차례이다. **최정근 / 라파워십** For God, Nothing is Impossible. **최주은 / 산곡여자중학교, 산곡감리교회** 한 줄 한 줄마다 하나님의 터치하심이 느껴지는 글들. 이 한 권의 책을 통해 하나님께서 저를 포함한 많은 분들을 깊게 만나 주실 것을 확신하고 기대합니다. **최준규 / 군산경포교회** 익숙함에 무뎌지지만 절대 그래서는 안 되는 하나님의 사랑을 잊어가는 현대 그리스도인들에게 다시금 상기시켜 주는 소중한 책이다. **juliec_02 / 킹스턴선교교회** 너무 내 이야기 같아서 한 부분만을 읽었는데도 읽는 내내 눈물이 멈추지 않았습니다. 아무도 몰라주던 그 눈물의 시간에 하나님은 곁에 계셨습니다. **진뭉 / 전주신흥고등학교, 더온누리교회** 나를 따뜻하게 안아 주시는 하나님의 품을 느꼈다. 우리 조바심 내지 말고 그분을 바라보자. **kyungssss / shalom_stitch** 어느샌가 당연해져 버린 하나님의 사랑을 반성하며 그분께 시선을 돌리게 하는 글, 시선 끝에 미소 짓는 하나님이 계셔 오늘도 행복합니다. **지우서우연우아빠 / 기독교대한성결교회 속초교회** 아이들을 바라보며, 당연한 듯 생각했던 그 사랑을 다시 생각해 본다. 아, 감히 흉내 낼 수 없는 위로부터의 사랑. **마요남(마음을 요리하는 남자) / 의정부고등학교, 은진교회** 항상 마음에 가지고 다니는 말씀 중 예수님

우편에 있던 강도의 고백과 예수님의 말씀이 있다. 글을 읽으며 그 문장이 다시 떠올랐고 하나님 나라에 올라갔을 때 나를 기억하실 예수님을 생각하니 다시 한번 눈물이 나는 시간이었다. **giggle_ / 대한예수교장로회 부산대성교회** 끝나지 않을 것 같았던 고통 속에서 항상 나와 함께 계셨음을 알려 주신 주님을 다시금 느낄 수 있는 책. **최혜피 / 영신교회** 하나님께 나아갈 수 없을 때, 교회에 가면 안 될 것 같을 때, 나 자신을 부정하고 있을 때가 종종 찾아옵니다. 이럴 때 나 자신도, 친구도, 돈도 날 살려 줄 수 없고 구원할 수 없는데 분명 하나님이 구원자라는 사실을 책을 통해 다시금 깨닫게 해주셔서 감사합니다. **예그리나 / 순천하영교회** 하나님은 사랑이시고 여전히 사랑이십니다. **로데 / 복음선교회** 모든 문장이 내가 사랑받고 있음을 느끼게 해주었고, 동시에 사랑할 용기를 주었습니다. **탁탁 / 교회친구다모여** 그를 만나고 싶고 그의 사랑을 알고 싶은 당신! 이 책이 하나님의 사랑을 경험하는 발판이 되길. **하민규 / 수원하나교회** 마지막까지 남는 건 사랑뿐입니다. 이 책을 통해 우리를 향해 하나님의 사랑을 알고 하나님을 끝까지 사랑합시다. **haihellow / 명지대학교 배움의교회** 나를 죽을 만큼 사랑하셨다고 말씀하신 그분께 나는 정말 아무것도 해드린 게 없어서 너무 죄송한 마음이 듭니다. 이제라도 용기 내어 주님께 한 걸음씩 나아가 외치고 싶습니다. "주님의 얼굴을 보았기에 끝까지 올 수 있었습니다." **뉴프런티어 예배자 / 가야교회(학교기도불씨운동, 연세대)** "기도가 방법이고, 예수가 해답이다." 나보다 나를 더 사랑하시는 주님을 보게 되는 귀한 내용입니다! **하늘의선교사 / 교회친구다모여** "서툴고 모진 마음마저 너를 아낌없이 사랑한다." 걸어보지 못한 내일이 두렵지만, 하나님의 타이밍은 완벽합니다. **0906_han / 꿈의교회** 우리가 그리스도의 사랑을 느낄 수 있는 타이밍으로 인도하는 하나님의 메시지. **한유경 / 고려대학교** 나만 아픈 줄 알았는데 나보다 더 아파해 주고 계신 분이 계셨다. 묵묵히 견뎌 주시는 하나님을 이 책을 통해 생생히 느낄 수 있다. **한정남 권찰 / 천안아산 주님의교회** 부디 도망가지 마세요. 주님으로부터 온 러브레터. 오늘, 지금, 당신이 있는 그곳에서 일어날 하나님의 타이밍을 기대하세요! **한주연 / 침례신학대학교** 김성경 전도사님의 고백을 통해 삶에 위로가 되고 앞으로 나에게 주실 하나님의 계획이 기대가 되네요. 이 책을 만나게 되는 사람들마다 하나님의 타이밍이 완벽함을 느끼는 시간이 되길 바라봅니다. **아이엠주혜yo / 예명제일교회** 사랑이 많으신 나의 하나님 안에서 평안하리라. 아멘. **Vinnnn_xxi / 교회친구다모여** 끝없이 무너지고 다시 하나님 앞에 나아가기 부끄러워 힘들어하던 나에게 위로와 크신 그 사랑으로 회복시켜 주신 나를 향한 하나님의 선물. **HYEJIN.Y / 영광교회** 하나님 사랑을 깊게 느끼길 원하고, 삶이 회복되기 원하는 분들에게 꼭 전하고 싶은 책입니다. **방그리 / 동아방송예술대학교** (김)이 모락모락 나는 (성)찬에 (경)외를 얹어 봅니다. **홍재화 / 벧엘중앙교회** 열심히 신앙생활하고 있지만 스스로의 모습에 무너지고 있는 사람들에게 그럼에도 불구하고 지켜보고 계시는 그분의 시선을 느끼게 하는 책. **화니정 / 하늘비전교회** 아는데 안 된다는 것. 생각은 있는데 움직이지 않는 것. 거기가 나의 현주소이지만, 사실 그곳은 내가 있어야 할 곳이 아니다. 이 책은 정말 따뜻하고 포근하게, 그곳에서 일어나 집으로 돌아가도록 안내하고 있다. **heavenlydays / 시도교회** 수많은 물음표가 가득한 우리의 인생이지만, 너무도 다행입니다. 하나님, 당신이 정답이어서. **예찬 / 서울홍성교회** 우리 함께 사랑을 이야기하자. 짧은 문장, 긴 호흡으로. **황예찬 / 교회친구다모여** 하나님이 이 작은 책을 통해 얼마나 큰일을 하실지가 기대된다. 그분은 기어이 그렇게 하실 분이니까. **hem8655 / 해운대소명교회** 삶의 모든 것을 놓아 버리고 싶을 때마다, 주님이 내미시는 손을 잡고 겨우겨우 한 걸음씩 걸어갑니다. 하나님이 날 얼마나 사랑하시는지 이제야 조금은 알 것 같습니다. **Peace_ij / 이스탄불한인교회** 겟세마네의 언덕도 안아 주실 그 품을 기대하며 달려갑니다. 아버지, 나의 마지막도 사랑과 감사로 끝나게 도와주세요. **황채림 / 성악에 빠지다** 이해하지 못했던 하나님의 타이밍이 알 수 없던 그 무언가로 이해되는 그런 책. **he._.heha / 상당교회 청년부** 내가 바라보고 있지 않을 때도 사랑을 주신 주님. 조금 떨리지만 이제는 용기 내어 내 아버지와 진짜 사랑을 해보고 싶다. **박찬영 목사 / 생터성경사역원** 이 책을 읽는 모든 이들이 하나님의 완벽한 타이밍에 주님의 음성을 듣기를 원합니다. 주님! 감사합니다. **손맛나는 글씨 / @sonmat.calli** 김성경 전도사님의 설교에는 나도 몰랐던 나의 처절함을 보게 하는 힘이 있는 거 같아요. **황윤희 / 교회친구다먹어** 고속도로처럼 빡빡하고 막막한 오늘에 잠시나마 쉬어갈 수 있는 휴게소와 같은 책입니다.

## Part 1 Episode : 만남 그리고 함께

### 은희승 대표

'원소울스튜디오'의 모체인 소셜미디어 채널 '교회친구다모여'에서는 매월, 매주, 매일 새로운 컨텐츠를 기획하고 제작하는 수백 명의 크리스천 크리에이터들의 콘텐츠 제보가 이어지고 있습니다.

그러던 2020년 3월, 김성경 전도사님으로부터 5분 설교 영상이라는 콘셉트로 "저희 아버지는 무좀이 있습니다"라는 콘텐츠 제보를 받게 됩니다. 그 당시 '교회친구다모여' 총괄 PD와 저는 그 설교 영상을 수십 번 보면서 고민했습니다. 왜냐하면 영상의 퍼포먼스와 설교의 뉘앙스로는 한 젊은 전도사의 치기 어린 콘텐츠로 보였기 때문입니다.

하지만, 제보가 온 그날부터 전 어느새 영상을 여러 번 시청하게 되었습니다. 어쩌면 매일 제보로 들어오는 수백 개의 콘텐츠 중 하나라고 느껴지지 않았던 것 같습니다. 영상을 보면 볼수록 이 설교를 준비하고 제작한 김성경 전도사님의 진정성을 확인하고 싶었습니다. 솔직히 만나 보고 싶었습니다.

5분 영상 설교 안에는 김성경 전도사님의 메시지 전달법이 존재합니다. 그 전달법은 내 눈앞에 보이듯 상상할 수 있는 드라마틱

한 스토리 구조를 가지고 있습니다. 마지막 하이라이트에서는 하나님과 나만의 일대일 대면 구조로 강력한 은혜를 체험하게 됩니다. 이 모든 것이 정말로 매력적입니다. 결론적으로 '교회친구다모여'에서는 김성경 전도사님이 보내 주신 첫 콘텐츠인 "저희 아버지는 무좀이 있습니다"를 서비스해 보자는 데 의견을 모았습니다.

첫 영상콘텐츠의 서비스 성과는 매우 좋았습니다. 그 당시 '교회친구다모여' 또한 SNS를 넘어 유튜브 채널 오픈을 준비하고 있었으며, 직접 오리지널 영상콘텐츠 제작과 동시에 다음 세대에게 꼭 필요한 뉴미디어 방송국으로서의 성장을 최종 목표로 세워 특별한 콘텐츠를 제작하고자 회의 중이었습니다.

시간이 지나 유튜브 채널 오픈은 지금의 '원소울스튜디오'라는 채널명으로 시작하게 됩니다. 아마 영상콘텐츠의 제보로 만난 김성경 전도사님을 '원소울스튜디오'의 첫 메신저 크리에이터로 섭외하게 된 가장 큰 동기는 "저희 아버지는 무좀이 있습니다" 영상콘텐츠를 경험하고 나서부터였는지도 모르겠습니다.

진짜 에피소드는 지금부터 시작입니다. '원소울스튜디오'의 콘텐츠 주인공으로 김성경 전도사님을 섭외하고, 첫 프로그램인 "아버지 한 사람을 위해 말씀을 전하려고 합니다"를 촬영하면서 현장의 모든 스텝이 벅찬 감동에 눈물을 쏟아내는 경험을 했습니다.

이렇게 교제를 시작하게 된 메신저 크리에이터 김성경 전도사님은 청주지역을 거점으로 원디사이플 사역단체의 리더로서 목숨을 건 10대 예배 사역에 매진하고 있었습니다. "세상이 교회로 들어오지 않겠다면 교회가 예배를 들고 세상으로 나가겠습니다"라는 강력한 캐치프레이즈를 걸고 활동하는 김성경 전도사님의 모습에 그의 진정성을 바로 확인할 수 있었습니다. 저 또한 하나님이 어느 순간 강력한 연합의 마음을 주셨습니다. 이 마음을 주체할 수 없어 곧 '원소울스튜디오' 콘텐츠 촬영 후, 주말에 바로 서울에서 청주로 직행했습니다.

아마 전도사님은 급하게 청주로 가서 전도사님을 만나고자 한다는 연락에 매우 당황했겠지만, 긴히 할 말이 있다고만 하고 이동을 했습니다. 이동하면서 저는 전속 크리에이터로 함께하자고 프로포즈를 할 마음을 먹었습니다. 인생 처음 청주라는 도시를 지나면서 이 땅에도 주님의 영광이 넘치길 기도했습니다. 카페에서 만난 전도사님에게 저는 3가지의 중요한 나눔을 했습니다.

하나, '김성경' 자체가 콘텐츠다.

하나님이 이 시대에 그리고 이 세대의 언어로 하나님의 메시지를 전하도록 새롭게 준비시키신 사역자라는 마음이 강하게 든다고 나누었습니다.

전도사님은 놀라며 이렇게 대답했습니다.
"아멘, 대표님! 매일 새벽예배를 드리면서 하루도 빠짐없이 기도하는 제목이 있습니다. 그건 바로 '제가 하나님의 브랜드가 되게 해주세요!'였습니다. 오늘 대표님의 첫 나눔이 저에게 응답과도 같은 소식입니다." 첫 대화부터가 뭔가 신기하다는 생각이 들었습니다.

둘, '원소울스튜디오'로 전도사님의 메시지를 계속 제작하고 싶다.

우리는 '원소울스튜디오'에 가장 최적화된 설교자가 전도사님이라고 생각했습니다. 주어진 프로그램 콘셉트 속에서 가장 효과적으로 스토리, 기승전결, 그리고 공감까지 이끌어 낼 수 있는 사람은 현재로서는 김성경뿐이라고 나누었습니다.

전도사님은 또 놀라듯 이렇게 대답했습니다.
"대표님, 너무 소름이 돋습니다. 솔직히 저는 언젠가는 저에게 콘텐츠 키맨이라는 역할이 오기는 하겠지만 아직 젊어서 지금은 아니라고 생각했습니다. 하지만 제가 '원소울스튜디오'와 함께할 수 있다면 제 신념 하나만 꼭 전하고 싶습니다. 그건 바로 설교(원고)를 재탕하지 않는 것입니다. 매일 기도하면서 하나님께서 부어 주시는 새로운 설교를 작성하고, 말하는 것이 저의 소명이며, 이후로도 지키고자 하는 신념입니다. '원소울스튜디오'의 메신저가 된다면 이런 중심을 갖고 겸손히 함께하겠습니다. 이후, 저를 이용하든 부려먹든 하나님을 전할 수만 있다면 설교자로 마음껏 써주세요."

이런 대화를 나누며 서로의 포커스를 보다 선명하게 맞출 수 있었습니다.

셋, 지금 세대를 위한 넥스트 교회를 함께 만든다.

전도사님과 함께 콘텐츠 제작, 책 출간, 강의 및 집회까지 하나하나 기획하고 진행하여 사역의 범위를 확장해 나갈 것이며, 지금 세대에게 가장 필요한 넥스트 교회를 꼭 함께 만들었으면 한다고 전했습니다.

그런 전도사님의 마지막 대답은 이러했습니다.
"대표님, 점심에 어머니와 식사를 하면서 어머니가 물으시더라고요. 서울에서 갑자기 교회친구다모여 대표님이 무슨 용무로 널 만나러 온다니? 음, 엄마. 대표님은 세상에 없던 교회를 만들려고 하시는 거 아닐까요? 그래서 절 만나러 오는 게 아닐까요? 예언처럼 이 이야기를 몇 시간 전에 어머니랑 나누었습니다."

진짜 소름 돋는 순간이었습니다. 서로 우리 하나님은 정말 위대한 분이라는 생각만 했습니다.

마지막으로 헤어지면서 전도사님과 제가 서로 약속한 3가지 키워드가 있습니다. 그건 바로 첫째도 겸손, 둘째도 겸손, 셋째도 겸손이었습니다. 이 겸손 속에서 우리 하나님이 우리를 더 자유롭게 사용하시도록 내어드리자고 약속했습니다. 만남의 축복, 그리고 예비하심, 결국 함께하자고 결정한 시간이었습니다.

사실 부록을 써 내려가면서 현재는 위의 이야기가 다 과거가 되었고, 이제 책 출간이 실현되었습니다. 하나하나 우리를 통해 일하시고 완성해 가시는 하나님의 뜻을 더욱 신뢰하며, 지금도 단 한 사람을 위해 온 마음으로 설교 원고를 작성하는 김성경 전도사님을 응원합니다.

마지막으로, 이 책을 통해 오늘도 한 영혼에게 주님이 다가가시기를….

## Part 2 Episode : 문화사역자들

### 황예찬 총괄PD

「안심하라, 하나님의 타이밍은 완벽하다」는 기독교 SNS채널 '교회친구다모여'가 기획한 '원소울스튜디오' 프로젝트의 일환으로 제작된 콘텐츠다. 독자들 중에는 '교회친구다모여'라는 인스타그램 채널을 아는 사람도, 모르는 사람도 있겠지만, 세상에는 이런 독특한 일에 인생을 거는 사람들도 있다.

"전도사님, 딱 한 사람을 위해 말씀을 전해 주셨으면 좋겠어요."
"아, 해야죠. PD님이 제안해 주시는 거면 무조건 해야죠. 그런데…."

'그런데 누구에게 전해야 하나요?'라는 물음에 나는 PD로서 준비해 온 말을 꺼내면서 슬쩍 웃음을 머금었다. '내가 생각해도 이게 될까?' 싶은 기획이었다.

"전도사님 아버지 목사님께요."
이것이 이 책과, 유튜브 채널 '원소울스튜디오'의 시작이었다.

'교회친구다모여'의 '문화사역' 기획은 언제나 이렇게 엉뚱하게 시작이 된다. 방탄소년단 지민의 생일날 홍대입구역에 생일 축하 전광판이 붙은 것을 보고 예수님 생신도 저렇게 축하하면 좋겠다는 마음에 시작한 'HJD(Happy Jesus Day) 전광판 프로젝트', 비대면 상황에서 진행할 수 없는 송구영신예배 신년 말씀뽑기를 온라인으로 진행한 '2021 내게 주신 하나님의 말씀 프로젝트', 크리스천들이 서로 공유하고 이야기할 수 있는 놀거리를 제공하기 위해 만들어진 '크리스천 성격유형테스트 MBTI 웹앱 프로젝트' 등등. 기존의 한국교회에는 존재하지 않았던, '재미있는 생각'들이 매일 넘쳐나고 있는 것이다.

HJD 프로젝트, 홍대입구역에서 예수님의 생일을 축하하는 전광판.

그럼에도 '원소울스튜디오'는 발칙한 발상이었다. 이제 막 사역의 날개를 펼치려는 새파란 20대 전도사가, 목회 25년차인 담임목사 아버지에게 전하는 설교라니. 이등병이 장군에게 제식훈련을 시키는 수준의 반전이었다. 그러나 벼는 익을수록 고개를 숙이고, 참된 그리스도인은 깊어질수록 유연하고 겸손해진다고 했다. 김성경 전도사의 아버지 김순석 목사님은 흔쾌히 촬영 제안을 승낙해 주셨다. 처음에 "아버지요? 안 될 것 같은데…"라며 어색함에 난색을 표하던 김성경 전도사도 촬영 날이 가까울수록 진지하게 설교 준비에 임했다. 그리고 결전의 날. 우리는 '빌린 스튜디오'

에서 '빌린 조명'을 켜고, '빌린 카메라'와 '빌린 마이크'로 두 부자(父子)의 얼굴과 목소리를 기록했다.

설교 내용은 위기 상황에도 자신의 이익을 위해 하나님을 이용하지 않았던 아버지 다윗을 본 솔로몬처럼, 평생을 하나님 앞에 정직하고 싶어 싸웠던 아버지 김순석 목사님의 등을 보고 자란 김성경 전도사의 감사의 고백이었다.

아들 전도사가 아버지 목사에게 하는 설교. 존경의 고백.

아버지가 울자, 아들도 따라 울었다. 아마 두 사람에게는 잊을 수 없는 추억이 아니었나 하는 생각이 든다. 그러나 하나님은 이 내용을 '우리끼리'만 공유하게 놔두지는 않으셨다.

"아니, 이 전도사는 도대체 누구야?"
영상은 업로드된 첫 주 만에 인스타그램과 유튜브를 포함해 장장 20만 명이나 시청했다. 자문을 위해 편집이 안 된 상태의 영상만을 보여 줘도 모두가 눈물을 흘리며 자기 안의 고백을 터놓았다. 특히 나이 지긋하신 목사님들이 이 영상을 보고 많이 우셨는데, 그 마음을 어찌 다 헤아릴 수 있을까? 다만 지나온 삶을 인정받는 기분이었으리라 생각된다.

그러나 많이 보고 감동받는 것도 물론 좋은 일이었지만, 우리에게는 기획 단계에서부터 가지고 있었던 '가장 중요한 가치'가 있었다. 우리가 「안심하라, 하나님의 타이밍은 완벽하다」라는 책을 만들게 된 계기도 여기에 있다. 그것은 바로 '우리는 흥행을 위해 영상을 만들지 않는다'는 것이었다. 오로지 한 영혼만을 위한 영상을 만드는 것.

그래서 우리의 구독자 목표는 애초부터 한 명이었다. '아들 전도사가 아버지 목사에게', '칠십 대의 은퇴 목사가 아홉 살 여자아이에게', '평범한 국민 중 한 사람이 코로나 시국에서 이름 없이 빛도 없이 수고하는 간호사에게', 전부 한 영혼에서 한 영혼으로 향하는 메시지들인 것이다.

아버지를 향한 설교가 끝나고, 마지막 인터뷰 중에 김성경 전도사가 이런 말을 했다. 나는 이 말이 우리의 정체성과, 가야 할 길을 축약한 언어 이상의 무언가라고 생각했다.

**"한 사람을 위한 설교를 준비하고,
또 아빠를 위한 설교를 준비하니까,
그 사람의 삶이 보이더라고요.
내가 보지 못한 그 삶에
하나님이 어떻게 붙잡아 주셨을지 그 삶이 보이면서,
예수님도 한 사람을 찾아가셨을 때
그 영혼의 삶이 보이셨겠구나…."**

그래, 여러 사람을 찾아갈 필요 없다. 우리는 한 사람, '당신'을 찾아가면 된다. 당신이 목사일 수도 있고, 장로일 수도 있고, 청·장

년일 수도 있고, 생애 첫 복음을 들어야 할 아홉 살 어린아이일 수도 있다. 당신은 기쁨과 감사에 벅차 있을 수도 있고, 슬픔과 공허함에 사무쳐 있을 수도 있다. 그게 누구든 당신 한 사람에게만 가닿을 수 있다면, 우리는 모두에게 닿을 수 있고, 끝으로는 지상명령인 전도와 선교까지도 나아갈 수 있다. 이것이 이 프로젝트의 핵심 기획이다.

"그 영혼의 삶이 보이셨겠구나."

그렇게 영상까지 만들었지만, '책'은 정말로 다른 문제였다. 처음에 원소울스튜디오와 김성경 전도사의 책을 내자고 제안한 것은 은희승 대표님이었다. 우리의 정체성이 '한 영혼을 위한 콘텐츠'였기에, 한 사람을 위해 책을 내는 것은 이론적으로는 가능한 일이었다. 김성경 전도사도 '영상으로도, SNS 콘텐츠로도 닿을 수 없는 영혼들에게 한 문장으로 위로를 주는 일이 필요하다'라고 의지를 보였다. 하지만 여러 가지 여건이 이 일을 어렵게 했다.

첫 번째는, '누가 이 책을 내줄까?' 하는 것이었다.

'교회친구다모여'가 소셜미디어 상에서는 '대표적인' 팀일 수 있지만, 기독교 출판계에서는 아직 검증되지 못한 단체일 수 있었다.

우리 김성경 전도사도 젊은 나이에 영상, 외부사역, 강의 등 활동 경력이 많은 편이었지만, '책을 낼 정도로 인정받은 사역자인가?' 라는 질문에는 물음표가 생길 수 있었다. 아무리 '지금 세대'('교회친구다모여'에서는 '다음 세대'라는 용어를 쓰지 않는다)를 대표하는 채널과 사역자일지라도, 기독교 출판계에서는 경험 없는 햇병아리일 뿐이었다. 그래서 고민을 많이 했다. 대표님은 '아마, 이런 프로젝트를 하겠다고 손드는 출판사는 없을 거야'라며, 일찌감치 자체적으로 출판을 할 계획을 가지고 있었지만, 나는 그렇지 않았다.

'분명히 한 영혼을 위로하고 싶은, 세상을 바꿀 크리스천들이 모인 회사가 있을 것이다. 우리와 같은 사람들이 어딘가에는 눈을 반짝 빛내고 있을 것이다. 마치 하나님이 준비하신 칠천 명의 용사들처럼!'

누군가는 우리의 마음을 알아주고, 이 사역에 동참하리라고 생각했다. 지금 생각하면, '우리는 한 영혼을 위해 책을 만들 것이고, 이 책의 판매 목표는 단 한 권입니다'라고 말했을 때 환영할 출판사는 없었을 것 같지만.

"하시죠. PD님. 이 책은 세상에 필요할 것 같습니다. 가슴이 너무나 뜁니다!"

결과는 보다시피, 극적으로 한 출판사와 연결이 되었다. 한국의 기독교 출판사로서 무구한 역사를 지닌 '토기장이'와 연결이 된 것이다. 토기장이는 우리와 꼭 맞는 핏을 지닌 출판사였다. 지금까지 교계에서는 '출판'이라는 장르 자체가 '레거시'라는 느낌이 있다는 편견이 많았는데, 토기장이는 그런 편견을 딛고 기독교 출판의 새로운 시도를 많이 하는 회사였다. 우리가 토기장이에 먼저 제안서를 건네게 된 것도 「보통의 질문들」이라는 SNS채널 기반의 책 때문이었으니까. 그렇게 교회친구다모여, 김성경 전도사, 토기장이라는 완벽한 파트너가 모여 첫 번째 고민은 해결할 수가 있었다.

H's엔터테인먼트, A.W 토저의 「성령」이라는 책을 읽고 이름 지었다.

두 번째는 재정적인 문제였다.

'교회친구다모여'라는 회사를 다들 특별하다고 이야기한다. 소셜 미디어 채널을 운영하고, 19세부터 39세까지가 즐길 수 있는 기독교 콘텐츠를 만들고 공유하는 단체. 심지어 이곳은 무급으로 일하는 미니스트리도 아니고, 모든 직원들이 고용보험에 가입되어 있는 회사의 구조를 가지고 있다. 아마도 출판사나 언론사를 제외한 최초이자 유일한 기독 문화 회사가 아닐까 생각이 든다.

이러한 '교회친구다모여'의 역사는 놀랍게도 장장 20년이나 되었다. 20대 초반부터 기독교 문화사역과, '회사'라는 누구도 가보지 않았던 연합의 길에 대한 뜻이 있던 '교회친구다모여'의 은희승 대표는, 성령이라는 의미의 에이치스엔터테인먼트라는 이름으로 회사를 시작해 CCM 앨범 발매, 아티스트 케어, 공연 등의 사업으로 이 사역의 모토를 만들었다.

'교회친구다모여'의 전신인 에이치스엔터테인먼트는, 오프라인 사역의 막바지쯤에 힐송, 아발론, 커크프랭클린, 게이트웨이워십 등의 내한 공연까지 주최하며, 한국 교회의 문화 영역 확장에 이바지했다. 그 후로 여러 가지 우여곡절은 있었지만, 오프라인 사역과 비즈니스의 한계를 느꼈던 우리는 비로소 '교회친구다모여'라는 이름으로 소셜미디어를 오픈하게 된 것이다.

그러나 기독교 문화를 시장으로 봤을 때, 우리의 시장 크기는 너무나 작았다. 특별히 코로나19 시대에 들어서며, 광고 콘텐츠와 외주 등으로 사무실을 유지하던 '교회친구다모여'에게도 크나큰 위기가 찾아왔다. 마치 IMF가 다시 온 것 같았다. 영문도 모른 채 새로운 사업들은 접히고, 북새통을 이루던 광고 문의도 오프라인 행사가 없어지며 떨어져 나갔다.

"대표님, 우리가 언제까지 이렇게 일할 수 있을까요?"
"모르겠어. 하지만 내일 끝나더라도 우리는 이 일들을 해내야 해."

PD와 대표는 매일 이런 식의 이야기를 하며 하루하루를 연명해 나갔다. 돈을 벌어서 회사를 유지하는 것도 중요했다. 그렇지 않으면, 사무실 식구들의 월급을 모두 감당해내기가 어려웠다. 쪼들리지만 해야 하는 일이었다.

빌린 조명, 빌린 카메라, 빌린 마이크.

그러나 항상 '교회친구다모여'라는 회사를 관통하는 테마가 있는데, 아래와 같다.

'돈 좀 못 벌더라도, 감동이 오는 일이면 하자.'
'하나님이 시키는 것 같으면, 무조건 일단 뛰어들자.'

부족하면 하나님께서 채워 주신다. 그것을 경험하는 것도 사역이다. 애초에 돈을 벌 것 같았으면 기독교 문화사역이라는 불모지에 뛰어들지도 않았을 것이다. 이런 마음이 홍대입구역에 예수님 생일 축하 전광판을 만들었고, 〈교회오빠〉라는 역대 최고의 기독교 영화 홍보를 만들었고, 한 영혼만을 위한 예수님의 마음을 대변하는 원소울스튜디오를 만들어냈으리라. 생존을 위해 당장 총력을 다해야 하는 판에 '한 영혼'에 집중하는 책을 내겠다는 것도 얼핏 보면 어리석어 보일지는 모르지만, 나는 이것이 이 필드에서 사역을 하는 모든 이들의 각오일 것이라고 생각한다.

나는 그래서 이 책이 한 영혼에게 다가가기 위한, 하나님의 수많은 손발들의 증거라고 생각한다. 비록 보이는 '꽃'은 김성경 전도사의 메시지이지만, 이 꽃을 당신 한 영혼에게 전달하기 위해 하나님은 수많은 사람들을 일으키셨다. 이 책의 추천사를 남겨 주신 322명의 '교회친구다모여' 리뷰단도, '교회친구다모여'의 직원들 다섯 명도, 토기장이 출판사도, 이 책의 제작과 유통과정에 있는 모든 요소들을 하나님이 일으키셨다. SNS 콘텐츠로도, 영상으로도 닿지 못했던 '한 영혼', 바로 당신을 위해서.

그동안 돈 좀 못 벌지언정 후지게 가지 않도록 해주신 하나님과, 이 책을 만들기 위해 함께해 왔던 모든 문화사역자들께 감사와 존경을 드리며, 이 글을 원소울스튜디오의 맨 마지막에 올라오는 크레딧으로 마무리하고 싶다.

- Credit -
Director : Eun Hee Seung, Cho Kwang sik
Assitant Director : Hwang Ye Chan
Film Director : Lee Seo Hyeon
Art Director : Lee Dan Bi
Space Designer : Hwang Yun Hee
Writer : Kim Se Eun
Messenger : Bible Kim
Listener : You
Translation : Ha Eun (Grace) Song
Special Thanks : 322 recommenders

**And GOD.**

그러나 모든 게 놀랍도록 오직 당신 한 사람을 위로하기 위해서 준비되었다는 것을, 이 모든 이들의 수고를, 당신은 몰라도 된다. 당신이 우리 하나님의 풍성하시고 압도적인 사랑을 다시 깨닫기만 한다면, 우리는 그것만으로도 충분히 만족하며 남은 것 하나 없는 막 뒤에서 웃고 떠들 수 있을 것이다.

이제 당신이 우리 중의 하나가 되어, 울고 있는 한 영혼에게 다가가 줄 차례이니까.

아홉 살, 생애 첫 복음을 들은 진아에게

이름 없이, 빛도 없이 섬기시던 응급실 간호사 공진미님께

## 안심하라, 하나님의 타이밍은 완벽하다
ⓒ 김성경, 2021

| | |
|---|---|
| **1판 1쇄** | 2021년 11월 5일 |
| **1판 6쇄** | 2025년 9월 10일 |

| | |
|---|---|
| **지은이** | 김성경 |
| **대표** | 조애신 |
| **편집** | 이소연 |
| **디자인** | 임은미 |
| **마케팅** | 전필영 |
| **경영지원** | 전두표 |

| | |
|---|---|
| **발행처** | 도서출판 토기장이 |
| **주소** | 서울시 마포구 동교로 71-1 2F |
| **출판등록** | 1998년 5월 29일 제1998-000070호 |
| **전화** | 02-3143-0400 |
| **팩스** | 0505-300-0646 |
| **이메일** | tletter77@naver.com |
| **인스타그램** | togijangi_books_ |
| **ISBN** | 978-89-7782-457-7 |

- 이 책은 저작권 법에 따라 보호를 받는 저작물이므로 무단 전재와 무단 복제를 금합니다.
- 이 책의 전부 또는 일부를 이용하려면 반드시 저자와 도서출판 토기장이의 동의를 받아야 합니다.

도서출판 토기장이는 생명 있는 책만 만듭니다.
"우리는 진흙이요 주는 토기장이시니 우리는 다 주의 손으로 지으신 것이니이다" (이사야 64:8)